Veronika Pichl

ONE POT für Kinder

50 leckere, schnelle und günstige Gerichte

riva

Bibliografische Information der Deutschen Nationalbibliothek
Die Deutsche Nationalbibliothek verzeichnet diese Publikation in der Deutschen Nationalbibliografie. Detaillierte bibliografische Daten sind im Internet über http://d-nb.de abrufbar.

Für Fragen und Anregungen
info@rivaverlag.de

Wichtiger Hinweis
Ausschließlich zum Zweck der besseren Lesbarkeit wurde auf eine genderspezifische Schreibweise sowie eine Mehrfachbezeichnung verzichtet. Alle personenbezogenen Bezeichnungen sind somit geschlechtsneutral zu verstehen.

Originalausgabe
4. Auflage 2021

Türkenstraße 89
80799 München
Tel.: 089 651285-0
Fax: 089 652096

Redaktion: Ulrike Reinen
Umschlaggestaltung: Manuela Amode
Umschlagabbildungen: Vanessa Faschingbauer, shutterstock.com/stockcreations, gkrphoto, AS Foodstudio
Satz: inpunkt[w]o, Haiger (www.inpunktwo.de)
Druck: Florjancic Tisk d.o.o., Slowenien
Printed in the EU

ISBN Print 978-3-7423-0955-6
ISBN E-Book (PDF) 978-3-7453-0582-1
ISBN E-Book (EPUB, Mobi) 978-3-7453-0583-8

Inhalt

Ein Topf für alle: One-Pot-Küche für die ganze Familie

Kochen für kleine und größere Kinder kann eine echte Herausforderung sein – das gilt zumindest dann, wenn es am Ende allen schmecken und bestenfalls auch noch gesund und ausgewogen sein soll. Ein stressiger Alltag, berufliche Verpflichtungen und das ganz normale Haushaltschaos machen es oft gar nicht so leicht, genügend Zeit zum bewussten Kochen freizuschaufeln. Und wenn es dann doch einmal klappt, ist meist viel Überredungskunst gefragt, um den kleinsten Familienmitgliedern auch oft unbeliebte Zutaten wie Spinat, Brokkoli & Co. schmackhaft zu machen.

Wie praktisch wäre es da, gesunde und ausgewogene Gerichte so zubereiten zu können, dass sie auch wählerischen Kids schmecken und es hinterher außerdem nur ganz wenig Abwasch gäbe. Aber wie soll das gehen?

Ganz einfach: Mit ein bisschen Kreativität lassen sich leckere One-Pot-Gerichte in nur einem Topf, einer Pfanne, einer Auflaufform oder auf einem Backblech zaubern. Das spart nicht nur Zeit, sondern macht auch die ganze Familie auf gesunde und abwechslungsreiche Weise satt und glücklich. Wie die One-Pot-Methode funktioniert, welche Rezepte sogar bei den Kleinsten richtig gut ankommen und wie sich durch das Planen von Mahlzeiten außerdem auch noch Geld sparen lässt, erklärt dieses Buch.

Mehr als nur Eintopf

Mithilfe der One-Pot-Methode funktioniert gesundes Kochen nicht nur schnell und kinderleicht, sondern zaubert auch ausgewogene Gerichte auf den Tisch, die der ganzen Familie schmecken. Selbstverständlich ist One Pot dabei aber mehr als ein schlichter Eintopf.

Ein Eintopf wäre selbst der One-Pot-Erfinderin, Moderatorin und Überhausfrau Martha Stewart bestimmt zu simpel gewesen. Vielleicht darum revolutionierte sie die Kochwelt auch nicht mit einem Eintopf-, sondern einem Pastagericht, das nur in einem einzigen Topf zubereitet wurde. Die Idee hinter dieser Kochinnovation war dabei so einfach wie genial: Warum sollten Nudeln und Sauce nicht gemeinsam im selben Topf zubereitet werden? So können wir uns getrenntes Anbraten, Abgießen und andere sonst notwendigen Arbeitsschritte mit weiteren Töpfen und Pfannen schenken. Geben wir stattdessen sämtliche Saucenzutaten gemeinsam mit Pasta und Wasser für 10 Minuten in einen einzigen Topf, entsteht schließlich auf viel einfachere Weise ein leckereres Ergebnis.

So einfach, dass man erst einmal darauf kommen muss. Klar, dass sich Martha Stewarts geniale Idee der »One Pot Pasta« unter Hobby- und Profiköchen schnell verbreitete und sich daraus viele abwechslungsreiche Abwandlungen und ganz neue Gerichte entwickelten, denen das gleiche Prinzip zugrunde liegt: Frische Zutaten werden ohne künstliche Zusätze und in einem einzigen Topf, in einer einzigen Pfanne oder Auflaufform in leckere Gerichte verwandelt. Schließlich spart das Zeit, reduziert unnötiges Küchenchaos und dauert nur wenig länger als die Zubereitung eines Fertiggerichts.

Durch zahlreiche Abwandlungen der Grundidee sind heute die ursprüngliche One-Pot-Pasta oder Omas immer gleicher Eintopf längst passé. Stattdessen steht »One Pot« für viele leckere, frische und abwechslungsreiche Gerichte, die in nur einem Topf zubereitet werden.

Die Vorzüge von Omas Eintopf sind dabei aber dennoch geblieben: Wie auch Großmutters Kartoffelsuppe, frische Minestrone oder andere klassische Suppen- und Eintopfgerichte basieren unsere One-Pot-Gerichte insbesondere auf

einfachen, aber gesunden Zutaten. Allerdings ist das nicht nur wichtig für die Versorgung mit essenziellen Nährstoffen, sondern hat noch einen weiteren entscheidenden Vorteil: Gemeinsam mit Grundzutaten wie Nudeln oder Kartoffeln schmecken so selbst wählerischen Kids auch Hülsenfrüchte und Gemüse.

Letzteres gilt natürlich insbesondere dann, wenn fleißig beim Vor- und Zubereiten der One-Pot-Gerichte mitgeholfen werden darf – und das können oft schon die Kleinsten. So gelingt mithilfe einfacher Rezepte nicht nur das Vorbereiten und Kochen im Handumdrehen. Auch lässt sich gemeinsam und ohne großes Küchenchaos spielerisch eine gesunde Ernährung erlernen.

Übrigens: Selbstverständlich wissen wir, dass nicht immer alle Familienmitglieder gemeinsam essen, die gleichen Gerichte mögen und Familien auch aus einem Erwachsenen und einem Kind bestehen können. Darum haben wir unsere Rezepte so konzipiert, dass sie Portionen ergeben, die für **einen Erwachsenen und ein Kind** ausreichend sind. Essen einmal zwei Erwachsene oder auch mehrere Kinder mit, können die Portionen jedoch ganz einfach verdoppelt werden, sodass bestimmt jeder satt wird.

So funktioniert die One-Pot-Küche

Sämtliche Zutaten einfach gemeinsam mit Flüssigkeit und Gewürzen in einen Topf oder in eine Pfanne geben – und schon entsteht ein leckeres Gericht. Das klingt doch zu leicht, um wahr zu sein! Oder wie kann es sein, dass bei einer so simplen Zubereitung am Ende nicht doch »nur« ein Eintopf herauskommt?

Bedenkt man einmal, dass auch Gratins, Aufläufe oder sogar Pizza in einem einzigen Gefäß beziehungsweise auf einem Blech zubereitet werden, klingt das One-Pot-Konzept schon gar nicht mehr so abwegig. Aber diese Gerichte haben dennoch einen entscheidenden Nachteil: Oft müssen einzelne Zutaten aufwendig vorgekocht, angebraten oder anderweitig vorbereitet werden. Arbeitsschritte, für die dann, wenn ein gesundes Mittagessen schnell vorbereitet werden soll, einfach die Zeit fehlt.

Und genau darum verbinden unsere One-Pot-Gerichte die Vorteile von Eintopf mit denen anderer bekannter In-einem-Topf-Gerichte: Bei unseren Rezepten garen Reis, Nudeln, Kartoffeln oder andere leckere Zutaten einfach gemeinsam mit Fleisch, Fisch oder Gemüse. Durch eine genaue Dosierung von Flüssigkeit und das sinnvolle Schichten einzelner Zutaten entfallen zeitraubende Arbeitsschritte wie Vorkochen. Dieses Kochkonzept klappt nämlich nicht nur mit Martha Stewarts Pastagericht, und am Ende entsteht ein leckeres und gesundes One-Pot-Gericht, das nicht unbedingt ein Eintopf sein muss.

One Pan und One Sheet

Das Konzept des One-Pot-Kochens lässt sich selbstverständlich auch auf Pfanne (engl. pan), Backblech oder Auflaufform (sheet) übertragen. Auch hierbei werden alle Zutaten gemeinsam in der Pfanne gebraten, gekocht oder im Backofen gegart. Beide Methoden eigenen sich dabei hervorragend für leckere, frische Hauptgerichte und tolle Snack- oder Fingerfood-Rezepte.

Die One-Pot-Ausrüstung

One-Pot-Rezepte liegen nicht nur voll im Trend, sondern sind auch eine wunderbare Methode, um frisch, abwechslungsreich und gesund zu kochen. Außerdem lässt sich das One-Pot-Prinzip hervorragend auf Pfannen- oder Ofengerichte übertragen und wird so noch abwechslungsreicher.

Gemeinsam haben alle One-Pot-Varianten jedoch, dass die Zutaten zusammen garen und umständliche Arbeitsschritte wie diverses Vorkochen und Abgießen einzelner Zutaten in mehreren Töpfen oder Pfannen entfallen können. Damit es direkt losgehen kann, sollten ein paar One-Pot-Basics jedoch nicht fehlen:

Der geeignete Topf

Prinzipiell lassen sich die allermeisten One-Pot-Gerichte in jedem beliebigen Topf zubereiten. Allerdings gibt es einige Eigenschaften, die das Kochen zusätzlich erleichtern können:

Ein beschichteter Topf vermeidet ein Anbrennen, auch wenn nicht unentwegt umgerührt wird. Außerdem kann durch die Beschichtung Fett eingespart werden. Sinnvoll ist es außerdem, einen passenden Deckel zu verwenden. Der Deckel hilft dabei, das Verdampfen von zu viel Flüssigkeit zu verhindern und die optimale Konsistenz vieler Gerichte zu erreichen. Wir empfehlen für die Rezepte in diesem Buch Töpfe mit ca. 18–20 cm Durchmesser.

Pfanne, Auflaufform und Backblech

Für die ideale Pfanne gilt prinzipiell das Gleiche wie für den Topf: Sinnvoll ist es, eine beschichtete Pfanne mit passendem Deckel zu verwenden, um das Anbrennen oder Austrocknen bestimmter Gerichte zu verhindern. Wir empfehlen eine Pfanne mit feuerfestem Stiel, die man auch mal zum Überbacken in den Ofen schieben oder als Auflaufform nutzen kann.

Und die One-Sheet-Rezepte gelingen sogar absoluten Kochanfängern besonders leicht – ein Backblech, etwas Backpapier oder eine Auflaufform hat schließlich jeder zu Hause. Für die Rezepte in diesem Buch eignen sich am besten Formen von ca. 20 x 20 cm.

Gesund essen leicht gemacht – so schmeckt's auch Kindern

Am besten jeden Tag Spaghetti – aber bitte ohne störendes Gemüse! Manchmal ist es gar nicht so leicht, Kinder zum gesunden Essen zu bewegen. Obwohl wir bei unseren Rezepten darauf geachtet haben, dass sie den Geschmack sowohl von Eltern als auch von Kindern so gut wie möglich treffen, kann es dennoch sein, dass hartnäckige Obst- und Gemüseverweigerer von einigen Zutaten wenig begeistert sind.

Da wir für unsere Kinder aber auch beim Essen nur das Beste wollen, heißt es dann: Bloß nicht aufgeben! Mit ein paar einfachen Tricks lässt sich der kulinarische Alltag der Kleinen gesünder gestalten – und das ganz ohne Streit und Überzeugungsarbeit.

- **Verstecktes Gemüse**
  Wer für hartnäckige Obst- und Gemüseverweigerer kocht, tut gut daran, beides einfach in verschiedenen Gerichten zu »verstecken«. So gewöhnen sich die Kids schon einmal indirekt an den Geschmack und finden irgendwann auch Brokkoli gar nicht mehr eklig. Aber wie soll das gehen? Ganz einfach:
  Fein geschnittenes, geriebenes oder püriertes Gemüse wie Karotten, Sellerie, Spinat oder Brokkoli lässt sich ganz einfach in Aufläufen, Gratins, Saucen, Gulasch und in vielen anderen Gerichten verstecken. Geraspelte Äpfel oder zu Mus eingekochte andere Obstsorten hingegen verfeinern Süßspeisen ganz »unsichtbar«.

- **Gemüse zuerst**
  Frei nach der Devise »Hunger ist der beste Koch« kann es manchmal helfen, einen Salat oder die Gemüsebeilage separat vor dem eigentlichen Hauptgericht zu servieren. So stehen die Chancen nämlich besser, dass auch gesunde Kost nicht verschmäht wird.

- **Neues probieren**
  Wer schon früh verschiedenste Lebensmittel kennenlernt, integriert meist auch später viele unterschiedliche Gerichte und Zutaten in seinen Speiseplan. Das wiederum trägt dazu bei, optimal mit Nährstoffen versorgt zu werden. Es lohnt sich darum, auch kleine Kinder immer wieder zu motivieren, neue Lebensmittel inklusive Obst und Gemüse zu probieren. Dabei ist Rohkost – beispielsweise in Form von Gemüsesticks oder einem bunten Obstsalat – für Kinder übrigens meist interessanter als gegarte Lebensmittel. Auf meiner Infoseite zum Buch *www.one-pot-fuer-kinder.de* können Sie das kostenlose E-Book »*Das lustige Obst- und Gemüse-Bastelbuch*« anfordern. Als witzige Tierchen gestaltetes Obst und Gemüse schmeckt den Kindern oft gleich viel besser.

- **Jeden Tag etwas Gesundes**
  Obst und Gemüse sollten einen festen Platz im Speiseplan haben und täglich auf den Tisch kommen – so

  wird Gesundes zur Selbstverständlichkeit. Geschieht dies regelmäßig, sollten wir jedoch auch akzeptieren, wenn die Kleinen etwas einmal nicht mögen – schließlich schmeckt ja auch den Erwachsenen nicht immer alles.

- **Lieblingsgerichte gesünder machen**
  Alle Kinder lieben Spaghetti bolognese – allerdings lässt sich das Gericht beispielsweise auch vegetarisch mit Linsen zubereiten. Warum also nicht einmal versuchen, auch andere Lieblingsgerichte abzuwandeln?

- **Auf Aromastoffe und Geschmacksverstärker verzichten**
  Künstliche Aromastoffe und Geschmacksverstärker können regelrecht abhängig machen. Sie stecken in vielen Fertigprodukten und verhindern oft, dass Kinder die natürlichen Aromen von Obst und Gemüse kennenlernen. Gewöhnen sich aber schon kleine Kinder an die künstlichen

Aromen in Fertigjoghurt, Brühpulver & Co., führt dies oft dazu, dass der natürliche Geschmack von Obst und Gemüse abgelehnt wird. Besser ist es darum, bereits kleinen Kindern selbst gemachte Gerichte und Getränke, deren Inhaltsstoffe wir genau kennen, schmackhaft zu machen. Tee, Joghurt mit frischen Früchten und herzhafte Gerichte mit selbst gekochter Brühe lassen sich schließlich auch ganz leicht und ohne Fertigprodukte und -pulver zubereiten.

One-Pot-Gerichte – diese Lebensmittel kommen in den Topf

Gesunde und ausgewogene One-Pot-, One-Sheet- oder One-Pan-Rezepte sollten so zusammengestellt werden, dass sie alle besonders wichtigen Makronährstoffe (Eiweiß, Fett und Kohlenhydrate) in einem gesunden Verhältnis enthalten und uns außerdem mit wichtigen Vitaminen und Mineralstoffen versorgen.
Dabei gilt: Die Mischung macht's! Und so kommen neben leckerem Gemüse, Obst und Milchprodukten auch Kartoffeln und Getreideprodukte sowie gesunde Öle in den Topf.

- **Kartoffeln und Getreide**
  Kartoffeln und Getreideprodukte liefern jede Menge Kohlenhydrate und somit Energie. Damit wir besonders lange satt bleiben, sollten nach Möglichkeit Vollkorngetreideprodukte verwendet werden. Kommen diese bei den Kids jedoch weniger gut an, können auch Vollkorn- und Getreideprodukte aus weißem Mehl miteinander gemischt werden.
  Wer Pasta für kleinere Kinder kocht, verwendet dabei am besten kurze Nudelsorten, die sie schon allein essen können. Die Garzeit variiert dabei meist je nach Sorte zwischen 6 und 10 Minuten. Reis und gewürfelte Kartoffeln sind hingegen in der Regel nach 10 bis 20 Minuten gar.

- **Milchprodukte**
  Milchprodukte liefern Proteine und viel gesundes Kalzium. Letzteres ist insbesondere für ein gesundes Wachstum von Kindern sehr wichtig. In einer ausgewogenen Mahlzeit können Milchprodukte wie Käse, Joghurt und Quark oder natürlich die Milch selbst verwendet werden.

- **Gemüse und Obst**
  Ob roh oder gekocht – Obst und Gemüse sollten bei keiner Mahlzeit fehlen und ganz oben auf dem Speiseplan stehen. Schließlich liefern sie uns viele Vitamine, wertvolle Ballaststoffe und wichtige Mineralien. In den Topf kommen darf dabei prinzipiell natürlich jede Sorte, die der ganzen Familie schmeckt. Soll es einmal besonders schnell gehen, ist selbstverständlich auch Tiefkühlware erlaubt. Bei tiefgekühlten Produkten sind nämlich noch alle wichtigen Vitamine und Mineralien enthalten, und zudem können sie natürlich viel schneller weiterverarbeitet werden.

- **Eier und Fleisch**
  Auch tierische Lebensmittel wie Fisch, Fleisch und Eier enthalten viele wert-

volle Proteine, Omega-3-Fettsäuren sowie andere gesunde Inhaltsstoffe, die unsere Ernährung bereichern. Allerdings sollten sie nicht unbedingt jeden Tag auf dem Speiseplan stehen. Auch für Kinder ist es ausreichend, wenn etwa zwei Mal pro Woche Fleisch oder Fisch in den Topf und auf den Teller kommt.

- **Fette und Zucker**
  Zur Zubereitung gesunder One-Pot-Gerichte empfiehlt es sich, pflanzliche Öle wie Oliven- oder Kokosöl zu verwenden. Raffinierter weißer Haushaltszucker sollte hingegen gerade beim Kochen für kleinere Kinder eher weggelassen werden. Soll es trotzdem einmal etwas Süßes sein, eignen sich auch Apfelmark, Kokosblütenzucker oder Honig ganz hervorragend zum Süßen.

So lässt sich mit One-Pot-Gerichten noch mehr Zeit sparen

Werden frische Mahlzeiten in nur einem Gefäß oder auf einem Backblech zubereitet, lässt sich beim Kochen jede Menge Zeit sparen. Auch das Einkaufen, Planen und Vorbereiten der Mahlzeiten gelingt mit ein paar einfachen Tricks noch leichter – und macht außerdem Spaß.

Mahlzeiten planen

Wer seine Mahlzeiten schon ein paar Tage oder sogar eine ganze Woche im Voraus plant, hat es im Alltag – insbesondere mit Kind – gleich viel leichter. Zum einen muss so nicht mehr lange überlegt werden, was am Mittag oder Abend auf den Tisch kommen soll. Zum anderen fällt es aber auch viel leichter, sich gesünder und ausgewogener zu ernähren. Steht nämlich schon im Voraus fest, was gekocht werden soll, lässt sich der Griff zu Fertigprodukten oder Fast Food ganz leicht vermeiden – und das ist selbstverständlich nicht nur gesünder, sondern spart oft auch noch Geld.

Sinnvoll einkaufen

Sind die Mahlzeiten der nächsten Woche oder der nächsten Tage schon im Voraus geplant, lässt sich schnell feststellen, was eingekauft werden muss. Vor dem Schreiben der Einkaufsliste sollte aber auch ein Blick in Kühl- und Vorratsschrank nicht fehlen, damit Zutaten nicht doppelt angeschafft werden.
So geplant lässt sich nicht nur der Einkauf viel schneller und stressfreier bewältigen, sondern auch vermeiden, dass zu viele oder gar nicht benötigte Lebensmittel eingekauft werden – und auch das

hilft dabei, Geld zu sparen und weniger Lebensmittel wegwerfen zu müssen.

Gemeinsam kochen

Gemeinsam mit der ganzen Familie kochen ist viel zeitaufwendiger? Nicht unbedingt – schließlich lässt sich auch ein noch so schnelles Gericht nicht stressfrei zubereiten, wenn währenddessen ein Kind quengelt. Warum also nicht auch kleinere Kinder ein paar einfache Aufgaben in der Küche übernehmen lassen? So haben die Kids nicht nur etwas zu tun, sondern lernen gleichzeitig auch verschiedene Zutaten und Aufgaben kennen. Besonders gut kommen dabei übrigens auch bei den Kleinsten ein paar bunte Schüsseln an, in die vorbereitete Zutaten beispielsweise selbst hineingelegt werden dürfen. Angenehmer Nebeneffekt: Wer selbst dabei geholfen hat, ein Gericht zuzubereiten, findet hinterher auch Brokkoli oder Spinat gar nicht mehr eklig.

Vorratshaltung für »Notfälle«

Hat es einmal mit dem Planen der Mahlzeiten weniger gut geklappt oder muss es besonders schnell gehen, ist es sinnvoll, einige »Notfallzutaten« vorrätig zu haben, aus denen sich auch spontan eine Mahlzeit zaubern lässt. Hierfür sind insbesondere trockene Produkte wie Reis, Nudeln oder Couscous gut geeignet. Aber auch Konserven wie passierte Tomaten, Bohnen oder Mais lassen sich lange aufbewahren und beispielsweise zusammen mit tiefgekühltem Gemüse innerhalb von Minuten in eine leckere Mahlzeit verwandeln.

Zu den Rezepten:

Jetzt aber ran an den Topf! Die Rezepte für One Pot, One Pan und One Sheet sind für **einen Erwachsenen und ein Kind** konzipiert. Verdoppeln Sie die Portionen einfach nach Bedarf, zum Beispiel bei einer vierköpfigen Familie.

Wichtig speziell für One-Pot-Gerichte mit Nudeln und Reis:
Garzeit und »Saugfähigkeit« besonders von Nudeln und Reis können je nach Sorte variieren. Am besten immer etwas mehr Flüssigkeit wie Wasser oder Gemüsebrühe bereithalten, um nachgießen zu können.
In den One Pots wird weniger Flüssigkeit verwendet, als normalerweise zum Kochen für Reis oder Nudeln nötig ist. Dadurch kann sich die Gardauer etwas verlängern – ein 10-Minuten-Reis ist also vielleicht erst nach 12 bis 15 Minuten gar gekocht.
One Pots sollten generell noch kurz im Topf ziehen und dann direkt serviert werden. Die Gerichte sind ideal zum sofortigen Verzehr. Grundsätzlich kann man sie auch für später aufbewahren, dann sollten sie aber unter Zugabe von Flüssigkeit erwärmt werden.

Was nicht passt, wird passend gemacht:
Da vielleicht nicht jedem Kind das Gemüse aus der Zutatenliste schmeckt, finden Sie unter den Rezepten auch Tipps und Variationen.
Ich wünsche Ihnen gutes Gelingen und guten Appetit!

Zum Umgang mit diesem Buch

Bei jedem Rezept finden Sie Nährwertangaben:

- kcal steht für Kilokalorien,
- KH für Kohlenhydrate,
- F für Fett,
- P für Protein.

Außerdem sind vegetarische und glutenfreie Rezepte übersichtlich gekennzeichnet:

- vegetarisch
- vegan
- glutenfrei

Glutenfrei: Bitte achten Sie bei Ihren Produkten immer auf das Etikett, besonders bei Schokolade, Käse, Gemüsebrühe, Eiweißpulver, Kakaopulver, Gewürzen etc. Auch wenn diese Zutaten meist frei von Gluten sind, können von den Herstellern bestimmte Zusätze verwendet werden, die nicht glutenfrei sind.

ONE POT UND ONE PAN: FRÜHSTÜCK UND SÜSSSPEISEN

Schoko-Milchreis

ONE POT
Gesamtkalorien: 706 kcal / 126,6g KH / 20,6g P / 10g F
vegetarisch/glutenfrei

400 ml Milch oder Milchalternative, z. B. Mandelmilch
20 g Rohrzucker oder Süßungsmittel nach Wahl, z. B. Honig
1 Päckchen Vanillinzucker
1 ½ EL Backkakaopulver
100 g Milchreis

1. Alle Zutaten bis auf Milchreis in einen Topf geben und verquirlen.
2. Milchreis hinzufügen und kurz aufkochen lassen, dann bei mittlerer Hitze ca. 30 Min. unter gelegentlichem Umrühren fertig köcheln. Darauf achten, dass am Topfboden nichts ansetzt.
3. In 2 kleine Schüsseln umfüllen und mindestens 10 Min. ziehen lassen. Der Milchreis quillt noch nach.

Tipps und Variationen:

Dazu schmecken frische Früchte wie Himbeeren oder eingelegte Früchte wie Sauerkirschen.

Vanillepudding-Couscous mit Himbeeren

ONE POT

Gesamtkalorien: 677 kcal / 107,3 g KH / 24,9 g P / 11,8 g F

vegetarisch

15 g Vanillepuddingpulver
250 ml Milch oder Milchalternative
100 ml Wasser
1 Vanilleschote
1-2 EL Honig
100 g Couscous
125 g tiefgefrorene Himbeeren
10 g Mandelblättchen

1. Puddingpulver in einen Topf mit kalter Milch und 100 ml Wasser einrühren.
2. Mark einer Vanilleschote herauskratzen, mitsamt der Schote zur Milchmischung hinzufügen. Aufkochen lassen, dabei gelegentlich umrühren.
3. Von der Herdplatte nehmen, Vanilleschote entfernen, Honig und Couscous einrühren. 5 Min. halb zugedeckt quellen lassen, 1- bis 2-mal umrühren.
4. Einen Teil der Himbeeren einrühren, restliche Himbeeren mit den Mandelblättchen auf dem Pudding-Couscous verteilen.

Tipps und Variationen:

In diesem Rezept kann man Couscous durch Hafer- oder Quinoaflocken ersetzen. Anstatt Himbeeren eignen sich auch Erdbeeren oder Heidelbeeren oder eine andere Obstsorte nach Wunsch.

Süßes Buchweizen-Porridge mit Banane

ONE POT
Gesamtkalorien: 765 kcal / 126,2 g KH / 23,5 g P / 16,6 g F
vegetarisch/glutenfrei

100 g Buchweizen
200 ml Milch oder Milchalternative
1 ½ EL Honig
1 Banane
1 EL Walnüsse
1 EL Kürbiskerne
1 EL getrocknete Cranberrys

1. Buchweizen sorgfältig heiß waschen. In einem Topf bei mittlerer Hitze ohne Öl zur Aromaentfaltung kurz anrösten.
2. Milch eingießen, aufkochen und bei geringer Hitze ca. 15–20 Min. köcheln lassen, bis der Buchweizen die Flüssigkeit nahezu ganz aufgenommen hat, dabei gelegentlich umrühren. Bei Bedarf etwas Wasser oder Milch nachgießen.
3. Von der Kochstelle nehmen, Honig einrühren und weitere 3–5 Min. ziehen lassen.
4. Banane schälen, in Scheiben schneiden. Walnüsse grob hacken.
5. Porridge mit Bananenscheiben, Walnüssen, Kürbiskernen und Cranberrys garnieren.

Tipps und Variationen:

Rosinen anstatt Cranberrys verwenden, Apfel statt Banane und Mandelblättchen zum Bestreuen.
Das Porridge kann auch mit Haferflocken und Quinoaflocken zubereitet werden. In diesem Fall die Kochzeit auf etwa 10 Min. reduzieren.

Vanille-Grießbrei mit Beeren

ONE POT

Gesamtkalorien: 603 kcal / 88,8 g KH / 22,6 g P / 16 g F

vegetarisch

- 60 g Weichweizengrieß
- 450 ml Milch oder Milch-alternative, z. B. Mandelmilch
- 1 Spritzer Zitronensaft
- 1 Prise Salz
- 1 Päckchen Vanillinzucker oder etwas mehr Vanille und Süßungsmittel
- 1 Prise gemahlene Vanille
- 1 EL Agavendicksaft oder Honig
- 1 TL Butter
- 100 g gemischte Beeren, z. B. Erdbeeren, Heidelbeeren

1. Weichweizengrieß, Milch, Zitronensaft, Salz, Vanillinzucker, gemahlene Vanille und Agavendicksaft in einen Topf geben und verrühren.
2. Dann unter Rühren aufkochen und bei mittlerer Hitze unter gelegentlichem Umrühren ca. 10 Min. köcheln lassen. Darauf achten, dass am Topfboden nichts ansetzt.
3. Butter unterrühren, Herdplatte ausstellen und noch ca. 3 Min. stehen lassen.
4. Auf 2 Schüsseln verteilen und noch mindestens 5 Min. nachquellen lassen.
5. Beeren waschen, trockentupfen und den Grießbrei damit belegen.

Tipps und Variationen:

Anstatt gemahlener Vanille 1 Msp. Lebkuchengewürz hinzufügen und mit Keksen servieren.

Himbeer-Porridge

ONE POT

Gesamtkalorien: 475 kcal / 68,4 g KH / 16,4 g P / 11,2 g F

vegetarisch

150 g Himbeeren
100 g Haferflocken
2 EL Kokosmilch, z. B. fettreduziert
350 ml Wasser
1 TL Leinsamen
1 TL Kokosraspel (optional)
1 TL Honig oder Süßungsmittel nach Wahl

1. Himbeeren waschen und abtropfen lassen. Einen Teil davon für das Topping zurücklegen, den Rest in einen Topf geben.
2. Restliche Zutaten hinzufügen und alles ca. 10 Min. bei mittlerer Hitze und unter gelegentlichem Umrühren köcheln lassen. Darauf achten, dass am Topfboden nichts ansetzt.
3. Herdplatte ausstellen und noch ca. 3 Min. im Topf nachquellen lassen. Danach auf 2 kleine Schüsseln verteilen.
4. Das Porridge mit den zurückgelegten Himbeeren belegen.

Tipps und Variationen:

Das Porridge lässt sich auch ganz leicht mit Tiefkühlhimbeeren herstellen oder mit anderen Beeren variieren.
Anstatt Haferflocken kann man Dinkel- oder Quinoaflocken verwenden.

Apfel-Mandel-Porridge

ONE POT

Gesamtkalorien: 643 kcal / 85,2 g KH / 24,2 g P / 21 g F

vegetarisch

- 1-2 Äpfel (ca. 200 g)
- 70 g Haferflocken
- 2 EL gemahlene Mandeln
- 250 ml Milch oder Milchalternative, z. B. Mandelmilch
- 150 ml Wasser
- 1 TL Leinsamen
- 1 TL Honig oder Süßungsmittel nach Wahl
- ½ TL Zimt, plus etwas mehr zum Garnieren

1. Äpfel waschen, entkernen, 1–2 Scheiben für das Topping zurücklegen, den Rest in kleine Würfel schneiden und in einen Topf geben.
2. Restliche Zutaten hinzufügen und alles ca. 10 Min. bei mittlerer Hitze und unter gelegentlichem Umrühren köcheln lassen. Darauf achten, dass am Topfboden nichts ansetzt.
3. Herdplatte ausstellen und noch ca. 3 Min. im Topf nachquellen lassen. Danach auf 2 kleine Schüsseln verteilen.
4. Die zurückgelegten Apfelscheiben in Stücke schneiden, auf den Schüsseln verteilen und mit Zimt bestreuen.

Tipps und Variationen:

Anstatt Haferflocken kann man auch Dinkel- oder Quinoaflocken verwenden.

Karotten-Grießbrei

ONE POT

Gesamtkalorien: 586 kcal / 81,6 g KH / 20 g P / 19,1 g F

vegetarisch

- 1 Karotte (ca. 75 g)
- ½ Apfel (ca. 75 g)
- 50 g Weichweizengrieß
- 400 ml Milch oder Milchalternative, z. B. Mandelmilch
- 1 Prise Salz
- 1 Prise gemahlene Vanille
- 1 EL Agavendicksaft oder Honig
- 1 TL Butter

1. Karotte waschen, schälen, nach Belieben einige Scheiben für die Garnitur abschneiden, danach in einen Topf raspeln.
2. Apfel waschen, abtrocknen, schälen und entkernen, dann auch raspeln oder in kleine Würfel schneiden und in den Topf geben.
3. Weichweizengrieß, Milch, Salz, Vanille und Agavendicksaft hinzufügen und vermischen.
4. Dann unter Rühren aufkochen und bei mittlerer Hitze unter gelegentlichem Umrühren ca. 12 Min. köcheln lassen. Darauf achten, dass am Topfboden nichts ansetzt.
5. Butter unterrühren und noch ca. 3 Min. köcheln lassen.
6. Herdplatte ausstellen und weitere 5 Min. nachquellen lassen.
7. Danach auf 2 kleine Schüsseln verteilen, nochmals mindestens 5 Min. stehen lassen und gegebenenfalls mit Karottenstückchen belegen.

Tipps und Variationen:

Die Karottenstückchen haben noch etwas Biss. Falls man einen sehr weichen Brei haben möchte, einfach noch ein paar Minuten länger köcheln lassen.

Schmeckt lecker: Mandeln oder Nüsse hacken, unterrühren und darüberstreuen.

Schokoladen-Pfannencookie

ONE PAN

Gesamtkalorien: 1448 kcal / 132,8 g KH / 24 g P / 90 g F

vegetarisch

50 g Sonnenblumenöl
50 g Rohrzucker
85 g Dinkelmehl
20 g Backkakaopulver, ungesüßt
1 Prise Salz
¼ TL Backpulver
1 Msp. Natron
75 ml Milch oder Milchalternative
50 g Schokotröpfchen
15 g gehackte Walnüsse
50 g Himbeeren
1 Stängel Minze
Feuerfeste (Gusseisen-)Pfanne mit ca. 12,5 cm Durchmesser

1. Sonnenblumenöl in der Pfanne auf mittlerer Stufe erhitzen.
2. Hitze zurückdrehen, Rohrzucker mit einem Silikonspachtel einrühren, bis eine homogene Masse entsteht. Hitze ausschalten, Pfanne von der Kochstelle nehmen, etwas abkühlen lassen.
3. Währenddessen Ofen auf 180 °C Ober-/Unterhitze vorheizen.
4. Ein Drittel des Dinkelmehls, Kakao, Salz, Backpulver und Natron zur Öl-Zucker-Mischung hinzufügen, vorsichtig vermengen.
5. Milch einrühren, restliches Mehl und die Hälfte der Schokotröpfchen untermischen und zu einer geschmeidigen Masse verarbeiten.
6. Im Ofen auf mittlerer Schiene für ca. 10–15 Min. backen. Der Cookie sollte in der Mitte noch etwas zähflüssig sein.
7. Auskühlen lassen. Währenddessen die Himbeeren waschen. Den Cookie mit den restlichen Schokotröpfchen, Walnüssen, Himbeeren und Minze garnieren.

Tipps und Variationen:

Zum Servieren in kleinere Dessert- oder Süßigkeitenportionen teilen. Der Cookie schmeckt mit jeder beliebigen Obstsorte.

Karamell-Pfannencookie mit Pekannüssen

ONE PAN

Gesamtkalorien: 952 kcal / 96,1 g KH / 13,6 g P / 57,3 g F

vegetarisch

45 g Sonnenblumenöl
25 g Rohrzucker
85 g Dinkelmehl
Eine Prise Salz
½ TL Backpulver
1 Msp. Natron
55 ml Milch nach Wahl
12 g weiches Karamell
12 g Pekannüsse
Feuerfeste (Gusseisen-)Pfanne mit ca. 12,5 cm Durchmesser

1. Sonnenblumenöl in der Pfanne auf mittlerer Stufe erhitzen.
2. Hitze zurückdrehen, Rohrzucker mit einem Silikonspachtel einrühren, bis eine homogene Masse entsteht. Hitze ausschalten und von der Kochstelle nehmen, etwas abkühlen lassen.
3. Währenddessen Ofen auf 180 °C Ober-/Unterhitze vorheizen.
4. Ein Drittel des Mehls, Salz, Backpulver und Natron zur Öl-Zucker-Mischung hinzufügen, vorsichtig vermengen.
5. Milch einrühren, restliches Mehl untermischen und zu einer geschmeidigen Masse verarbeiten.
6. Karamell und Pekannüsse grob zerkleinern, in den Teig einarbeiten.
7. Im Ofen auf mittlerer Schiene ca. 10–15 Min. backen, bis der Rand eine goldbraune Farbe annimmt.

Tipps und Variationen:

Den Cookie zum Servieren in kleinere Dessert- oder Süßigkeitenportionen teilen.

ONE POT UND ONE PAN MIT NUDELN

Pasta Primavera

ONE POT
Gesamtkalorien: 806 kcal / 97,8 g KH / 20,6 g P / 35,1 g F
vegetarisch

100 g Paprikaschoten, z. B. rot und gelb
100 g Zucchini
120 g Nudeln, z. B. Mini-Farfalle (Garzeit ca. 10 Min.)*
350 ml Brühe, z. B. Gemüsebrühe
100 ml Sahne oder Kochsahne (7 % Fett)
1 EL Schmelzkäse
Salz und Pfeffer
Frische Kräuter nach Belieben

1. Paprika waschen, entkernen und in kleine Stücke oder Streifen schneiden.
2. Zucchini waschen, abtrocknen und in feine Streifen schneiden oder hobeln.
3. Alle Zutaten bis auf den Schmelzkäse in einen Topf geben.
4. Erst aufkochen lassen, dann je nach Garzeit der Nudeln in ca. 10–12 Min. auf mittlerer Stufe fertig kochen, gelegentlich umrühren.
5. Dann den Schmelzkäse unterrühren und mit Salz und Pfeffer abschmecken. Nach Belieben mit Kräutern garnieren.

Tipps und Variationen:

Die Paprika-Zucchini-Kombi kann man auch durch Tomate und Zucchini oder Blumenkohl und Brokkoli ersetzen.

* Garzeit und Saugfähigkeit der Nudeln können je nach Sorte variieren (bei Bedarf etwas mehr Brühe hinzufügen).

Spaghetti mit Tomatensauce

ONE POT

Gesamtkalorien: 779 kcal / 139,9 g KH / 23,7 g P / 14,2 g F

vegetarisch oder vegan (je nach gewählter Nudelsorte)

1 Schalotte oder ½ Zwiebel
1 EL Öl, z. B. Olivenöl
250 g gehackte Tomaten aus der Dose
300 ml Gemüsebrühe
Salz und Pfeffer
Getrockneter Oregano nach Belieben
170 g Spaghetti (Garzeit ca. 7–8 Min.)*

1. Schalotte abziehen und klein hacken.
2. Öl in einen Topf geben und Schalotte kurz andünsten.
3. Tomaten, Brühe, Salz, Pfeffer und Oregano hinzufügen und aufkochen lassen.
4. Spaghetti in der Mitte durchbrechen und in den Topf geben. So lange umrühren, bis die Spaghetti komplett in der Sauce liegen. Danach ca. 10 Min. je nach Garzeit des Produkts auf niedriger Stufe fertig kochen, gelegentlich umrühren.
5. Mit Gewürzen abschmecken und servieren.

Tipps und Variationen:

Nach Belieben kann man noch 5 Cherrytomaten vierteln und mitköcheln lassen. Gibt man etwa 100 g Hackfleisch und 50 ml Brühe hinzu, wird daraus ein leckeres Spaghetti-bolognese-Gericht aus einem Topf.

* Garzeit und Saugfähigkeit der Spaghetti können je nach Sorte variieren (bei Bedarf etwas mehr Brühe hinzufügen).

Nudeln in Rahm-Champignon-Sauce

ONE POT

Gesamtkalorien: 878 kcal / 96 g KH / 21,7 g P / 44,3 g F

vegetarisch

1-2 Stängel Petersilie
½ Zwiebel oder 1 Schalotte
1 TL Butter
125 g Champignons
250 ml Brühe, z. B. Gemüsebrühe
100 ml süße Sahne
125 g Nudeln, z. B. Penne oder Bandnudeln (Garzeit ca. 10 Min.)*
Salz und Pfeffer

1. Petersilie waschen, trockenschütteln, Zwiebel abziehen und alles klein hacken. Zusammen mit der Butter in einen Topf geben und kurz andünsten.
2. Champignons putzen, in Scheiben schneiden, in den Topf geben und ca. 5 Min. mitdünsten.
3. Dann Gemüsebrühe, Sahne und Nudeln hinzufügen.
4. Je nach Garzeit der Nudeln in ca. 10–12 Min. auf mittlerer Stufe fertig kochen, gelegentlich umrühren und dann mit Salz und Pfeffer abschmecken.

Tipps und Variationen:

Anstatt frischer Champignons kann man auch Champignonscheiben aus der Dose verwenden.

* Garzeit und Saugfähigkeit der Nudeln können je nach Sorte variieren (bei Bedarf etwas mehr Brühe hinzufügen).

Penne mit fruchtig-cremiger Sauce

ONE POT

Gesamtkalorien: 873 kcal / 138 g KH / 32,7 g P / 19,5 g F

vegetarisch oder vegan (je nach gewählter Nudelsorte)

1 Schalotte oder ½ Zwiebel
1 Knoblauchzehe
200 g Cherrytomaten
1 EL Olivenöl
1 EL Tomatenmark
400 ml Hafermilch oder Milchalternative, z. B. Mandelmilch
150 g Dinkel-Penne (Garzeit ca. 10 Min.)*
1 EL Hefeflocken
4 Stängel Basilikum
Salz und Pfeffer

1. Schalotte und Knoblauchzehe abziehen und fein hacken. Cherrytomaten waschen, abtrocknen und halbieren.
2. Olivenöl in einem Topf erhitzen.
3. Schalotte und Knoblauch kurz anbraten, danach Tomatenmark, Hafermilch, Penne und Hefeflocken hinzufügen.
4. Alles miteinander verrühren und etwa 10 Min. bei mittlerer Hitze und gelegentlichem Umrühren köcheln lassen.
5. Basilikum waschen, trockenschütteln, Blätter abzupfen und unter die Penne mischen. Vor dem Servieren mit Salz und Pfeffer abschmecken.

Tipps und Variationen:

Anstatt Hafermilch kann man auch Milch oder eine Mischung aus 250 ml Gemüsebrühe und 150 ml Kochsahne (7 % Fett) verwenden.
Natürlich eignen sich für dieses Gericht auch Hartweizen-Penne.
Die Hefeflocken verleihen Saucen eine leckere cremige Konsistenz.

* Garzeit und Saugfähigkeit der Nudeln können je nach Sorte variieren (bei Bedarf etwas mehr Brühe nachgießen).

Vollkornpasta in Gemüse-Kokos-Sauce

ONE POT

Gesamtkalorien: 908 kcal / 113,3 g KH / 35,9 g P / 25,4 g F

vegetarisch oder vegan (je nach gewählter Nudelsorte)

1 Schalotte oder ½ Zwiebel
1 Knoblauchzehe
250 g Brokkoli
70 g Babyspinat
1 EL Oliven- oder Kokosöl
70 g tiefgefrorene Erbsen
150 g Vollkorn-Spirelli (Garzeit ca. 10 Min.)*
200 ml Kokosmilch, z. B. fettreduziert
400 ml Wasser
1 EL Zitronensaft
Salz und Pfeffer

1. Schalotte und Knoblauchzehe abziehen und fein hacken.
2. Brokkoli waschen, trockentupfen und in kleine Röschen zerteilen oder schneiden. Den Brokkolistrunk schälen und in kleine Stücke schneiden.
3. Spinat waschen und abtropfen lassen.
4. Öl in einem Topf erhitzen. Schalotten- und Knoblauchstücke kurz anbraten. Alle Zutaten bis auf den Zitronensaft hinzugeben, verrühren und etwa 10–12 Min. bei mittlerer Hitze köcheln lassen.
5. Mit Zitronensaft, Salz und Pfeffer abschmecken und servieren.

Tipps und Variationen:

Als Alternative zur Kokosmilch bietet sich Kochsahne (7 % Fett) oder eine Mischung aus 100 ml Wasser und 100 ml Sahne an.
Hartweizennudeln können durch Vollkorn-Penne ersetzt werden.
Anstatt der Kombi aus Brokkoli und Spinat schmeckt auch Zucchini und Paprika oder Tomate.

* Garzeit und Saugfähigkeit der Nudeln können je nach Sorte variieren (bei Bedarf etwas mehr Brühe nachgießen).

Bunte Orzo-Pasta

ONE POT

Gesamtkalorien: 781 kcal / 102,1 g KH / 33,6 g P / 23,8 g F

vegetarisch

1 EL Olivenöl
150 g frischer Brokkoli
100 g dünner grüner Spargel
250 g Kirschtomaten
110 g Orzo-Nudeln (Garzeit ca. 10 Min.)*
165 ml Wasser
50 g tiefgefrorene Erbsen
100 ml Kochsahne oder süße Sahne
Salz und Pfeffer
20 g geriebener Parmesan

1. Olivenöl in einem Topf erhitzen.
2. Währenddessen Gemüse waschen. Brokkoli in Röschen und Spargel in Stücke schneiden, Kirschtomaten vierteln.
3. Orzo-Nudeln ca. 1 Min. kurz im Öl anschwitzen, mit Wasser ablöschen.
4. Brokkoli, Spargel und Erbsen hinzufügen, 8–10 Min. zugedeckt köcheln lassen.
5. Sahne beimengen, weitere 2 Min. einköcheln lassen.
6. Mit Salz und Pfeffer abschmecken und mit den Kirschtomaten garnieren. Parmesan darüberstreuen.

Tipps und Variationen:

Orzo-Pasta sind kleine Nudeln in Reisgröße, die häufig in der griechischen Küche verwendet werden. Sie sind auch als Kritharáki, Risoni oder Risi bekannt und aufgrund Größe und Geschmack bei Kindern sehr beliebt.
Die Orzo-Pasta lässt sich in diesem Gericht auch durch 125 g Reis ersetzen.
Anstatt Brokkoli, Spargel und Erbsen kann man 300 g Zucchini oder eine Kombi aus 150 g Brokkoli und 150 g Blumenkohl verwenden.

* Garzeit und Saugfähigkeit der Nudeln können je nach Sorte variieren (bei Bedarf etwas mehr Brühe hinzufügen).

Hähnchen-Orzo-Pasta

ONE PAN

Gesamtkalorien: 812 kcal / 82,1 g KH / 69,2 g P / 21,9 g F

- 200 g Hähnchenfilet
- Paprikapulver edelsüß
- Salz und Pfeffer
- 1 EL Olivenöl
- 2 EL Tomatenmark
- 1 Knoblauchzehe
- 100 g Orzo-Nudeln (Garzeit ca. 10 Min.)*
- 150 ml Wasser
- ½ TL Brühepulver, z. B. Geflügelbrühe
- ½ rote Paprikaschote
- 1 TL Kurkuma
- 1 Stängel Petersilie
- 50 g Feta

1. Hähnchenfilet abspülen, trockentupfen, in Stücke schneiden, mit Paprikapulver sowie Salz und Pfeffer würzen.
2. Olivenöl und Tomatenmark in einer Pfanne erhitzen.
3. Knoblauchzehe abziehen und fein hacken. Mit Tomatenmark und Hähnchen 2–3 Min. scharf anbraten.
4. Nudeln in die Pfanne geben, ca. 1 Min. kurz anschwitzen, mit Wasser ablöschen. Brühepulver hinzufügen, aufkochen lassen.
5. Währenddessen Paprika waschen, entkernen, in dünne Streifen schneiden, in die Pfanne geben.
6. Hitze reduzieren, 10–12 Min. köcheln lassen, bis die Pasta die komplette Flüssigkeit aufgenommen hat. Dabei gelegentlich umrühren. Bei Bedarf Wasser nachgießen.
7. Mit Kurkuma und Salz abschmecken.
8. Petersilie waschen, Blätter abzupfen. Mit zerbröseltem Feta und Petersilie garnieren.

Tipps und Variationen:

Orzo-Pasta sind kleine Nudeln in Reisgröße, die häufig in der griechischen Küche verwendet werden. Sie sind auch als Kritharáki, Risoni oder Risi bekannt und aufgrund Größe und Geschmack bei Kindern sehr beliebt.
Die Orzo-Pasta kann man in diesem Gericht auch durch 125 g Reis ersetzen, die Paprika durch Cherrytomaten, Zucchini oder Erbsen.

* Garzeit und Saugfähigkeit der Nudeln können je nach Sorte variieren (bei Bedarf etwas mehr Brühe hinzufügen).

Bohnen-Käse-Makkaroni

ONE POT

Gesamtkalorien: 935 kcal / 104,8 g KH / 46,6 g P / 29,8 g F

vegetarisch

- 50 g Belugalinsen (schwarze Linsen)
- 130 ml Wasser
- 1 Knoblauchzehe
- 1 kleine braune Zwiebel
- 3 Stängel Thymian
- 1 EL Olivenöl
- 1 EL getrockneter Oregano
- 100 g Kidneybohnen aus der Dose
- 80 g Mais aus der Dose
- 1 EL Paprikapulver edelsüß
- ½ TL Salz
- ½ TL Pfeffer
- ½ EL Maisstärke, Speisestärke oder Mehl
- 400 g gewürfelte Tomaten aus der Dose
- 150 ml Gemüsebrühe
- 60 g Dinkel-Vollkorn-Makkaroni (Garzeit ca. 10-12 Min.)*
- 50 g Cheddar

1. Linsen waschen, mit 130 ml Wasser in einem Topf aufkochen. Hitze reduzieren und bei geringer Temperatur 20 Min. köcheln lassen. 5 Min. bei niedriger Hitze ausquellen lassen.
2. Währenddessen Knoblauchzehe und Zwiebel abziehen und fein hacken.
3. Thymian waschen, trockenschütteln und Blätter zweier Stängel abzupfen.
4. Olivenöl zu den Linsen hinzufügen und erhitzen. Knoblauch, Zwiebel, Thymianblätter und Oregano beimengen. 1–2 Min. scharf anbraten.
5. Kidneybohnen, Mais, Paprikapulver, Salz und Pfeffer sowie Maisstärke hinzufügen.
6. Tomaten mit Gemüsebrühe und Makkaroni einrühren. 15 Min. bei geringer Hitze köcheln lassen.
7. Cheddar in kleine Würfel schneiden.
8. Von der Herdplatte nehmen, Cheddar einrühren, weitere 5 Min. bei geschlossenem Deckel ruhen lassen.
9. Mit dem restlichen Thymian servieren.

Tipps und Variationen:

Die Belugalinsen kann man durch zusätzliche 80 g Kidneybohnen aus der Dose ersetzen. Dadurch lässt sich auch die Vorgarzeit der Belugalinsen (Zubereitungsschritt 1) einsparen.

* Garzeit und Saugfähigkeit der Nudeln können je nach Sorte variieren (bei Bedarf etwas mehr Brühe hinzufügen).

Bunter Spaghettitopf

ONE POT

Gesamtkalorien: 674 kcal / 121,2 g KH / 23,1 g P / 9,7 g F

vegetarisch oder vegan (je nach gewählter Nudelsorte)

1 Stängel Basilikum
450 g Cherrytomaten
1 kleine rote Zwiebel
¼ braune Zwiebel
350-500 ml Gemüsebrühe
150 g Spaghetti (Garzeit ca. 10 Min.)*
1 EL Tomatenmark
1 TL getrocknetes Basilikum
Salz und Pfeffer
½ EL Olivenöl

1. Basilikum waschen, trockenschütteln und die Blätter abzupfen.
2. Cherrytomaten waschen und vierteln.
3. Zwiebeln abziehen, die rote Zwiebel vierteln, braune Zwiebel in kleine Ringe oder Würfel schneiden.
4. 350 ml Gemüsebrühe mit allen Zutaten bis auf das Olivenöl in einen Topf geben, kurz aufkochen lassen und dann halb zugedeckt ca. 10 Min. köcheln lassen, dabei gelegentlich umrühren und bei Bedarf Brühe nachgießen.
5. Die Pasta sollte die Flüssigkeit nahezu ganz aufgenommen haben. Von der Kochstelle nehmen und weitere 5 Min. halb zugedeckt ziehen lassen.
6. Evtl. noch mit Salz und Pfeffer abschmecken und mit Olivenöl beträufeln.

Tipps und Variationen:

Dazu schmeckt geriebener Parmesan.

Die Zwiebeln kann man auch kleiner hacken und somit besser »verstecken« oder einfach weglassen. Für eine fruchtige Sauce ca. 100 g passierte Tomaten hinzufügen.

* Garzeit und Saugfähigkeit der Nudeln können je nach Sorte variieren (bei Bedarf etwas mehr Brühe hinzufügen).

Cherrytomaten-Bandnudel-Pot

ONE POT

Gesamtkalorien: 686 kcal / 101,4 g KH / 28 g P / 18,7 g F

vegetarisch

1 EL Olivenöl
1 Knoblauchzehe
2 EL Tomatenmark
4 Stängel Basilikum
400 g Cherrytomaten
350–500 ml Gemüsebrühe
120 g breite Bandnudeln (Garzeit ca. 10 Min.)*
Salz und Pfeffer
20 g gehobelter Parmesan

1. Olivenöl in einem Topf erhitzen.
2. Knoblauchzehe abziehen und fein hacken. Mit dem Tomatenmark in den Topf geben und kurz andünsten.
3. Basilikum waschen, trockenschütteln, Blätter abzupfen.
4. Cherrytomaten waschen, einritzen, mit den Basilikumblättern und 2–3 EL Gemüsebrühe ca. 5 Min. einköcheln lassen, dabei gut umrühren.
5. Gemüsebrühe mit 1 ½ Tassen (ca. 350 ml) beginnend nachfüllen. Die Bandnudeln hinzufügen und aufkochen. Hitze reduzieren, halb zugedeckt weitere 10 Min. köcheln lassen, dabei gelegentlich umrühren. Bei Bedarf Brühe nachgießen.
6. Die Pasta sollte die Flüssigkeit nahezu ganz aufgenommen haben. Von der Kochstelle nehmen und weitere 5 Min. halb zugedeckt ziehen lassen, 1- bis 2-mal umrühren.
7. Mit Salz und Pfeffer abschmecken und Parmesan untermischen.

*Garzeit und Saugfähigkeit der Nudeln können je nach Sorte variieren (bei Bedarf etwas mehr Brühe hinzufügen).

Fruchtige Tomatengnocchi

ONE POT
Gesamtkalorien: 617 kcal / 91,9 g KH / 17,5 g P / 19,3 g F
vegetarisch

- 1 Schalotte oder ½ Zwiebel
- 2 Cocktailtomaten
- 1 TL Tomatenmark
- 1 EL Öl
- 400 g stückige Tomaten aus der Dose
- Salz und Pfeffer
- 250 g Gnocchi (aus dem Kühlregal)
- 1 EL geriebener Käse, z. B. Emmentaler (optional)

1. Schalotte abziehen und klein hacken, Tomaten waschen und in kleine Würfel schneiden, danach beides in einen Topf geben.
2. Tomatenmark und Öl hinzufügen und alles unter Rühren andünsten.
3. Tomaten, Salz und Pfeffer zugeben, bei mittlerer Hitze 6 Min. köcheln lassen.
4. Gnocchi hinzufügen und bei mittlerer Hitze 2 Min. in der Sauce köcheln lassen.
5. Nach Belieben mit geriebenem Käse bestreuen.

Tipps und Variationen:

Mit frischem Basilikum garnieren oder in der Tomatensauce frisch gehackte Kräuter mitköcheln lassen.

Gnocchi in Kürbissauce

ONE POT
Gesamtkalorien: 675 kcal / 105,2 g KH / 16,3 g P / 22,6 g F
vegetarisch

350 g Hokkaido-Kürbis
1 TL Butter
180 ml Wasser
½–1 TL Gemüsebrühepulver
200 g Gnocchi (aus dem Kühlregal)
Salz und Pfeffer
1 EL geriebener Käse, z. B. Emmentaler (optional)

1. Kürbis waschen, aushöhlen und das feste Fruchtfleisch in grobe Stücke schneiden.
2. Butter in einen Topf geben und erhitzen, die Kürbisstücke 3 Min. unter Rühren andünsten.
3. Wasser und Gemüsebrühepulver hinzufügen und alles gut verrühren. Kürbisstücke ca. 12–15 Min. bei mittlerer Hitze garen.
4. Mit einem Stabmixer pürieren (je nach gewünschter Konsistenz etwas kürzer, falls die Sauce stückiger bleiben soll).
5. Gnocchi hinzufügen und bei mittlerer Hitze noch ca. 3 Min. in der Sauce köcheln lassen.
6. Vor dem Servieren mit Salz und Pfeffer abschmecken und nach Belieben mit geriebenem Käse bestreuen.

Tipps und Variationen:

Die Schale des Hokkaido-Kürbisses kann mitverzehrt werden, man muss ihn also nicht schälen.

Gnocchi mit Spinatsauce

ONE POT

Gesamtkalorien: 820 kcal / 71,7 g KH / 30,2 g P / 44,8 g F

1 EL Olivenöl
1 Knoblauchzehe
100 g gewürfelter Bauchspeck
200 g Gnocchi (aus dem Kühlregal)
250 ml Gemüsebrühe
250 g tiefgefrorener Rahmspinat
Salz und Pfeffer
1 Stängel Basilikum (optional)

1. Olivenöl in einem Topf erhitzen.
2. Knoblauchzehe abziehen, fein hacken und zusammen mit dem Speck kurz anbraten. Einen Teil des Specks für die Garnitur zurücklegen.
3. Gnocchi hinzufügen und 1–2 Min. anbraten.
4. Gemüsebrühe und Rahmspinat beimengen. Zugedeckt bei schwacher Hitze auftauen lassen, mehrmals umrühren. So lange einköcheln lassen (ca. 6–8 Min.), bis eine dünnflüssige Spinatsauce entsteht. Bei Bedarf Wasser nachgießen.
5. Mit Salz und Pfeffer abschmecken.
6. Basilikum waschen, trockenschütteln, Blätter abzupfen. Gnocchi mit Basilikumblättern und restlichem Speck servieren.

Tipps und Variationen:

Anstatt Bauchspeck kann man gewürfelten Schinken verwenden.

ONE POT UND ONE PAN MIT KARTOFFELN, KAROTTEN UND KÜRBIS

Tomaten-Kürbis-Hackfleisch-Topf

ONE POT

Gesamtkalorien: 640 kcal / 48,5 g KH / 37,4 g P / 31,1 g F

glutenfrei

1 TL Öl, z. B. Olivenöl
120 g Hackfleisch, z. B. Schwein/Rind gemischt
150 g Hokkaido-Kürbis
100 g gekochte Kichererbsen aus der Dose
250 g passierte Tomaten
50 ml Kokosmilch, z. B. light
½ TL Gemüsebrühepulver
Salz und Pfeffer

1. Öl in einem Topf erhitzen, Hackfleisch darin krümelig anbraten.
2. Kürbis waschen, aushöhlen und das feste Fruchtfleisch in grobe Würfel schneiden. In den Topf hinzufügen und 5 Min. mitdünsten.
3. Restliche Zutaten hinzufügen und 12–15 Min. bei mittlerer Hitze garen. Gelegentlich umrühren.
4. Mit Salz und Pfeffer abschmecken und servieren.

Tipps und Variationen:

Die Schale des Hokkaido-Kürbisses kann mitverzehrt werden, man muss ihn also nicht schälen. Den Kürbis kann man durch Kartoffeln oder Süßkartoffeln ersetzen.

Kartoffeln mit Karotten-Hackfleisch-Bolognese

ONE POT

Gesamtkalorien: 751 kcal / 71,3 g KH / 40,1 g P / 29,9 g F

glutenfrei

- 350 g festkochende Kartoffeln
- 1 Karotte (ca. 80-100 g)
- 1 Schalotte oder ½ Zwiebel
- 1 TL Öl, z. B. Rapsöl
- 150 g Hackfleisch, z. B. Schwein/Rind gemischt
- 1 EL Tomatenmark
- 250 ml Brühe, z. B. Fleischbrühe
- 100 g passierte Tomaten
- Salz und Pfeffer

1. Kartoffeln waschen, schälen und in grobe Würfel schneiden.
2. Karotte schälen und in sehr kleine Würfel schneiden.
3. Schalotte abziehen und klein hacken.
4. Öl in einen Topf geben und Hackfleisch krümelig anbraten.
5. Schalotten- und Karottenstücke mit Tomatenmark hinzufügen und 5 Min. mitdünsten.
6. Mit Brühe und passierten Tomaten ablöschen und mit Salz und Pfeffer würzen.
7. Kartoffelwürfel einrühren und erst alles aufkochen lassen, dann bei mittlerer Hitze unter gelegentlichem Rühren in ca. 30 Min. fertig kochen, bis die Kartoffeln gar sind.
8. Mit Salz und Pfeffer abschmecken.

Tipps und Variationen:

Mit frisch gehacktem Schnittlauch bestreuen.
Anstatt Kartoffeln schmecken in diesem Gericht auch Kohlrabi oder Süßkartoffeln.
Die Karotten kann man durch Paprika ersetzen.

Blumenkohl-Kartoffel-Topf

ONE POT

Gesamtkalorien: 463 kcal / 64,7 g KH / 17,8 g P / 9,3 g F

vegetarisch, glutenfrei

1 kleine Zwiebel
1 TL Öl, z. B. Olivenöl
300 g Kartoffeln
300 g Blumenkohl
400 ml Gemüsebrühe
300 g gehackte Tomaten aus der Dose
1 EL Schmand oder Joghurt
Salz und Pfeffer
Paprikapulver edelsüß

1. Zwiebel abziehen, klein hacken und in den Topf geben.
2. Öl hinzufügen und Zwiebeln andünsten.
3. Kartoffeln waschen, schälen und in Würfel schneiden. Zur Zwiebel hinzufügen und mitdünsten.
4. Blumenkohl waschen, putzen und in kleine Röschen schneiden. In den Topf geben.
5. Brühe und gehackte Tomaten einfüllen und 20–25 Min. bei mittlerer Hitze köcheln lassen, bis das Gemüse gar ist.
6. Schmand einrühren, mit Salz und Pfeffer abschmecken.

Tipps und Variationen:

Mit frisch gehackten Kräutern bestreuen.
Die Kartoffeln kann man durch Süßkartoffeln ersetzen.

Kartoffel-Shakshuka

ONE PAN

Gesamtkalorien: 683 kcal / 63,2 g KH / 30,2 g P / 29,9 g F

vegetarisch, glutenfrei

1 Schalotte oder ½ Zwiebel
1 Knoblauchzehe
300 g Kartoffeln
1 EL Olivenöl
400 g stückige Tomaten aus der Dose
½ TL Kreuzkümmel
½ TL Paprikapulver
100 ml Wasser
Salz und Pfeffer
3-4 Eier
3 Stängel Petersilie

1. Schalotte und Knoblauch abziehen und fein hacken.
2. Kartoffeln waschen, schälen und in ca. 1 cm große Würfel schneiden.
3. Olivenöl in einer Pfanne erhitzen. Zwiebeln, Knoblauch und Kartoffeln darin etwa 2 Min. lang anbraten.
4. Tomaten mit Kreuzkümmel und Paprikapulver würzen. Mit dem Wasser in die Pfanne geben. Umrühren und mit Salz und Pfeffer abschmecken.
5. Das Shakshuka etwa 20 Min. bei mittlerer Hitze köcheln lassen, bis die Kartoffelstücke gar sind.
6. Mit einem Kochlöffel kleine Mulden im Shakshuka formen und jeweils ein aufgeschlagenes Ei hineinfließen lassen.
7. Die Pfanne mit einem Deckel abdecken und das Shakshuka ca. 10 Min. bei mittlerer Hitze köcheln lassen, bis das Eiweiß stockt.
8. Petersilie waschen, trockenschütteln und hacken.
9. Das fertige Shakshuka mit Petersilie bestreut servieren.

Tipps und Variationen:

Shakshuka schmeckt auch ohne die pochierten Eier. Dazu passt Brot oder Baguette.

Kartoffelragout

ONE POT

Gesamtkalorien: 510 kcal / 85,3 g KH / 16,9 g P / 7,8 g F

vegetarisch/glutenfrei

440 g Kartoffeln
300 g Zucchini
1 Tomate
1 Schalotte oder ½ Zwiebel
1–2 Stängel Petersilie (optional)
1 TL Öl, z. B. Olivenöl
400 ml Gemüsebrühe
2 EL Tomatenmark
1 EL saure Sahne oder Schmand
Salz und Pfeffer

1. Kartoffeln waschen, schälen und in grobe Würfel schneiden.
2. Zucchini waschen, abtrocknen und in grobe Stücke schneiden.
3. Tomate waschen, Strunk entfernen und klein würfeln.
4. Schalotte abziehen und klein hacken.
5. Petersilie waschen, trockenschütteln und hacken.
6. Öl in einem Topf erhitzen, Schalottenstücke und Petersilie darin kurz anbraten.
7. Restliches Gemüse hinzufügen und ca. 5 Min. dünsten.
8. Gemüsebrühe und Tomatenmark hinzufügen und in ca. 20 Min. bei mittlerer Hitze unter gelegentlichem Umrühren fertig garen, bis das Gemüse die gewünschte Konsistenz erreicht hat.
9. Topf von der Herdplatte nehmen und etwas abkühlen lassen, dann die saure Sahne vorsichtig einrühren. (Vorsicht: Wenn das Gericht zu heiß ist, flockt die saure Sahne aus!)
10. Mit Salz und Pfeffer abschmecken und servieren.

Tipps und Variationen:

Um ein Ausflocken der sauren Sahne zu verhindern, kann man auch vorher 2–3 EL Kochflüssigkeit damit verrühren und sie dann erst unter das Gericht mischen.
Die Kartoffeln lassen sich gut durch Süßkartoffeln ersetzen.

Wirsingeintopf mit Kartoffeln

ONE POT

Gesamtkalorien: 685 kcal / 75,3 g KH / 29,2 g P / 24,9 g F

glutenfrei

375 g junge Kartoffeln
1 Schalotte
1 Karotte
200 g Wirsing
1 TL Öl oder Butterschmalz
50 g gewürfelter Katenschinken
75 g Schmand
Salz und Pfeffer

1. Kartoffeln waschen, schälen und würfeln oder in grobe Stücke schneiden.
2. Schalotte abziehen und hacken.
3. Karotte waschen, schälen und klein schneiden.
4. Wirsing waschen, Strunk entfernen und zerkleinern.
5. Öl in einer Pfanne erhitzen und die Schalottenstücke darin andünsten.
6. Kartoffeln hinzufügen und von allen Seiten scharf anbraten und etwas salzen.
7. Hitze reduzieren und einen Deckel auf die Pfanne geben. Ca. 15 Min. unter gelegentlichem Umrühren garen lassen.
8. Karottenstücke und Katenschinken dazugeben und mitbraten.
9. Wirsing einfüllen und mit Schmand vermischen. Gegebenenfalls mit etwas Wasser ablöschen.
10. Dann in ca. 15 Min. fertig garen.
11. Mit Salz und Pfeffer abschmecken.

Tipps und Variationen:

Anstatt Wirsing kann man Weißkohl verwenden.

Süßkartoffel-Linsen-Topf

ONE POT

Gesamtkalorien: 753 kcal / 122 g KH / 32,3 g P / 11,4 g F

vegan/glutenfrei

100 g Belugalinsen
1 EL Olivenöl
1 kleine Zwiebel oder 1 Schalotte
1 Stück Ingwer, ca. 1 cm (optional)
1 mittelgroße Süßkartoffel (380 g)
½ TL Salz
½ TL Pfeffer
1 ½ TL Kurkuma
1 TL getrocknetes Basilikum
450 ml Gemüsebrühe
50 g Babyspinat, plus einige Blätter zum Garnieren

1. Linsen in einem Sieb durchwaschen und abtropfen lassen.
2. Olivenöl in einem Topf erhitzen.
3. Zwiebel abziehen und in kleine Würfel schneiden. Ingwer abziehen und fein hacken. Beides bei mittlerer Hitze anschwitzen.
4. Süßkartoffel waschen, schälen, in Würfel schneiden. Zusammen mit den Linsen in den Topf hinzufügen, mit Salz und Pfeffer, 1 TL Kurkuma, Basilikum und Gemüsebrühe aufkochen. Hitze reduzieren und bei geringer Temperatur ca. 20 Min. weich köcheln lassen, dabei gelegentlich umrühren.
5. Babyspinat waschen, abtropfen lassen, untermischen und weitere 5 Min. ausquellen lassen.
6. Übrige Spinatblätter waschen und fein hacken, Eintopf damit garnieren und mit ½ TL Kurkuma bestreuen.

Tipps und Variationen:

Rote Linsen anstatt Belugalinsen verwenden. Ingwer und Blattspinat können weggelassen und Süßkartoffeln durch Kartoffeln ersetzt werden.

Quinoa-Süßkartoffel-Mix

ONE POT

Gesamtkalorien: 756 kcal / 129,5 g KH / 22,4 g P / 14,8 g F

vegan/glutenfrei

1 EL Olivenöl
1 Schalotte oder ½ Zwiebel
3 Stängel Thymian
1 mittelgroße Süßkartoffel (320 g)
100 g Quinoa
½ TL Salz
½ TL Pfeffer
½ EL getrocknete Petersilie
220 ml Gemüsebrühe
1 Tomate (ca. 160 g)

1. Olivenöl in einem Topf erhitzen.
2. Währenddessen Schalotte schälen und klein schneiden. Thymian heiß waschen, trockenschütteln. Schalotte mit 2 Thymianstängeln glasig anschwitzen.
3. Süßkartoffel schälen, würfelig schneiden. Quinoa mit heißem Wasser waschen, mitsamt den Süßkartoffelstücken, Salz, Pfeffer und Petersilie in den Topf geben.
4. Mit der Gemüsebrühe aufgießen und aufkochen. Bei kleiner Stufe ca. 20 Min. weich köcheln lassen, gelegentlich umrühren.
5. Tomate waschen, Strunk entfernen, würfelig schneiden und 10 Min. vor Ende der Garzeit untermischen.
6. Mit dem restlichen Thymianstängel servieren.

Tipps und Variationen:

Der Thymian lässt sich gut durch Petersilie ersetzen. Die Kräuter können aber auch ganz weglassen werden. Karotten eignen sich statt Süßkartoffeln.

Kürbis-Hackfleisch-Pfanne

ONE PAN

Gesamtkalorien: 748 kcal / 48,8 g KH / 45 g P / 40 g F

glutenfrei

250 g Hokkaido-Kürbis
1 Schalotte
½ Paprikaschote, z. B. grün
1 TL Öl, z. B. Rapsöl
120 g Hackfleisch, z. B. Schwein/Rind gemischt
Salz und Pfeffer
200 g passierte Tomaten
1 Zweig Rosmarin (optional)
75 g Feta

1. Kürbis waschen, aushöhlen und das feste Fruchtfleisch in mundgerechte Stücke schneiden.
2. Schalotte abziehen und in kleine Würfel schneiden.
3. Paprika entkernen, waschen und würfeln.
4. In einer Pfanne Öl erhitzen und Schalottenstücke darin goldbraun andünsten.
5. Hackfleisch dazugeben und von allen Seiten scharf anbraten, dann etwas salzen.
6. Kürbisstücke hinzufügen und die passierten Tomaten unterrühren.
7. Rosmarinzweig waschen, trockenschütteln und in die Pfanne geben. Anschließend den Deckel auf die Pfanne setzen und etwa 30 Min. bei mittlerer Hitze köcheln lassen. Gelegentlich umrühren.
8. Paprikastücke dazugeben und noch mal 10 Min. weiterköcheln lassen.
9. Rosmarinzweig herausnehmen und die Kürbis-Hackfleisch-Pfanne mit Salz und Pfeffer abschmecken.
10. Zum Schluss den Feta würfeln oder zerbröckeln und über dem Pfanneninhalt verteilen.

Tipps und Variationen:

Die Schale des Hokkaido-Kürbisses kann mitverzehrt werden, man muss ihn also nicht schälen.

Kürbiscurry

ONE POT

Gesamtkalorien: 642 kcal / 68 g KH / 15,3 g P / 30,9 g F

vegan/glutenfrei

350 g Hokkaido-Kürbis
100 g rote Paprikaschote
150 g gekochte Kichererbsen aus der Dose
1 TL Öl, z. B. Kokosöl
200 ml Wasser
100 ml Kokosmilch
½ TL Gemüsebrühepulver
1 TL gelbe Currypaste
Salz und Pfeffer
1 EL Limettensaft (optional)

1. Kürbis waschen, aushöhlen und das feste Fruchtfleisch in grobe Würfel schneiden.
2. Paprika waschen, entkernen und in Stücke schneiden.
3. Kichererbsen durchspülen und abtropfen lassen.
4. Kürbis und Paprika mit Öl in einen Topf geben und ca. 5 Min. andünsten.
5. Wasser, Kokosmilch, Brühepulver und Currypaste hinzufügen und 12 Min. bei mittlerer Hitze garen.
6. Zum Schluss mit Salz und Pfeffer sowie nach Belieben mit Limettensaft abschmecken.

Tipps und Variationen:

Die Schale des Hokkaido-Kürbisses kann mitverzehrt werden, man muss ihn also nicht schälen. Der Kürbis lässt sich durch Süßkartoffeln oder auch Kartoffeln ersetzen.

Anstatt der Currypaste kann man dem Gericht auch Tomatenmark hinzufügen.

ONE POT UND ONE PAN MIT GEMÜSEALLERLEI

Cremiges Kohlrabigemüse

ONE POT
Gesamtkalorien: 437 kcal / 37,2 g KH / 18 g P / 21,8 g F
vegetarisch

1-2 Stängel Petersilie
450 ml Gemüsebrühe
600 g Kohlrabi
1 EL Mehl
1 TL Butter
50 g Frischkäse
Salz und Pfeffer

1. Petersilie waschen, trockenschütteln und klein hacken. Zusammen mit der Gemüsebrühe in einen Topf geben und zum Kochen bringen.
2. Kohlrabi waschen, schälen und in Würfel schneiden. In die Gemüsebrühe geben und bissfest garen.
3. Mehl, Butter und Frischkäse einrühren. Bei mittlerer Hitze und unter gelegentlichem Rühren ca. 5 Min. köcheln lassen, danach mit Salz und Pfeffer abschmecken und genießen.

Tipps und Variationen:

Den Kohlrabi kann man auch mit Karotten oder Kartoffelstücken mischen.

Puten-Champignon-Gulasch

ONE POT

Gesamtkalorien: 640 kcal / 48,5 g KH / 37,4 g P / 31,1 g F

glutenfrei

450 g Champignons
180 g Putenbrustfilet
1 Schalotte
200 g Suppengrün nach Belieben, z. B. Karotte, Sellerie, Porree, Steckrübe
1 TL Fett zum Erhitzen, z. B. Öl oder Schmalz
500 ml Wasser
Salz und Pfeffer
75 ml süße Sahne oder Milch
Paprikapulver

1. Champignons säubern und in Scheiben schneiden.
2. Putenbrustfilet abspülen, trockentupfen und in kleine Stücke schneiden.
3. Schalotte abziehen und hacken.
4. Suppengrün waschen, schälen und würfeln.
5. In einem Topf Fett erhitzen und die Schalottenstücke darin andünsten.
6. Putenfleisch hinzugeben und von allen Seiten scharf anbraten.
7. Suppengrün einfüllen, kurz mitdünsten, dann mit Wasser aufgießen und Salz dazugeben.
8. Champignons hinzufügen und alles 20–25 Min. köcheln lassen.
9. Sahne dazugeben und mit Salz, Pfeffer und Paprikapulver abschmecken.

Tipps und Variationen:

Hähnchen anstatt Putenfleisch und Kokosmilch anstatt Sahne verwenden.

Blumenkohltopf

ONE POT

Gesamtkalorien: 311 kcal / 20,9 g KH / 14,9 g P / 14,6 g F

vegetarisch/glutenfrei

2 Stängel Petersilie
1 Blumenkohl (ca. 400-500 g)
1 Karotte (ca. 100 g)
1 Stück Zucchini oder Gurke (ca. 10 cm)
1 TL Butter
2 EL Gemüsebrühe
Salz und Pfeffer

1. Petersilie waschen, trockenschütteln und hacken.
2. Blumenkohl waschen, putzen, raspeln oder klein hacken.
3. Karotte und Zucchini waschen, evtl. schälen. Beides raspeln oder klein hacken.
4. Butter in einem Topf erhitzen und die Gemüseraspel mit Petersilie hinzufügen. Ca. 3 Min. andünsten.
5. Danach Gemüsebrühe hinzufügen und ca. 8–10 Min. bei mittlerer Hitze unter gelegentlichem Umrühren fertig garen.
6. Mit Salz und Pfeffer abschmecken.

Tipps und Variationen:

Milch oder Sahne anstatt Gemüsebrühe verwenden.

Wikingertopf mit Erbsen und Karotten

ONE POT

Gesamtkalorien: 795 kcal / 35,3 g KH / 49,6 g P / 44,4 g F

150 g Hackfleisch, z. B. Schwein/Rind gemischt
1 Ei
20 g Semmelbrösel
Salz und Pfeffer
1 EL Petersilie, frisch gehackt oder tiefgefroren
200 g Suppengrün nach Belieben, z. B. Karotte, Sellerie, Porree, Steckrübe
1 Schalotte
1 TL Butterschmalz oder Öl
500 ml Wasser
150 g Karotten
150 g Erbsen aus der Dose
30 ml Sahne

1. Hackfleisch mit Ei, Semmelbröseln, Salz, Pfeffer und Petersilie vermengen und zu kleinen Kugeln formen.
2. Suppengrün waschen, schälen und würfeln.
3. Schalotte abziehen und hacken.
4. In einem Topf das Butterschmalz erhitzen und die Hackbällchen von allen Seiten scharf anbraten.
5. Dann die Schalotten- und Suppengrünstücke dazugeben.
6. Mit Wasser ablöschen und etwas köcheln lassen.
7. Karotten waschen, schälen und in kleine Stücke schneiden. Zusammen mit den Erbsen in den Topf hinzufügen.
8. Wenn das Suppengrün gar ist, die Sahne einrühren und alles mit Salz und Pfeffer abschmecken.

Tipps und Variationen:

Mit frisch gehackten Kräutern bestreuen.

SOUP

Paprikagulasch

ONE POT

Gesamtkalorien: 546 kcal / 44 g KH / 41,6 g P / 17,5 g F

glutenfrei

200 g Gulasch von Schwein oder Rind
1-2 Zwiebeln (ca. 120 g)
1 TL Öl
2 rote Paprikaschoten (ca. 250 g)
400 g gehackte Tomaten aus der Dose
150 ml Brühe, z. B. Fleischbrühe
¼ TL Fleischbrühepulver
Salz und Pfeffer
Paprikapulver edelsüß

1. Gulasch durchspülen und abtropfen lassen.
2. Zwiebeln abziehen, vierteln und die Zwiebelschichten voneinander trennen.
3. Öl in einem Topf erhitzen, Gulasch und Zwiebeln hinzufügen und 5 Min. andünsten.
4. In der Zwischenzeit Paprika waschen, Kerngehäuse entfernen und in breite Streifen schneiden.
5. Paprika in den Topf hinzufügen und 5 Min. mitdünsten.
6. Tomaten, Brühe und Brühepulver einfüllen und 25 Min. bei mittlerer Hitze köcheln lassen. Gelegentlich umrühren.
7. Mit Salz, Pfeffer und Paprikapulver abschmecken und genießen.

Tipps und Variationen:

Mit frisch gehackten Kräutern bestreuen.

ONE POT UND ONE PAN MIT REIS, GETREIDE UND CO.

Hawaii-Reis

ONE POT

Gesamtkalorien: 728 kcal / 108,3 g KH / 22 g P / 22,4 g F

glutenfrei

100 g Ananasscheiben aus der Dose
100 ml Sud der Ananasscheiben
80 g gekochter Schinken
1 TL Butter
250 ml Brühe, z. B. Gemüsebrühe
125 g Reis (Garzeit ca. 10 Min.)*
Salz und Pfeffer

1. Ananasscheiben abseihen, den Sud auffangen, Scheiben in Stücke schneiden.
2. Schinken klein würfeln.
3. Butter in den Topf geben und erhitzen. Schinken und Ananas kurz andünsten.
4. Brühe, Reis, Salz und Ananassud in den Topf geben, vermischen und unter gelegentlichem Umrühren je nach Garzeit des Produkts ca. 12 Min. bei mittlerer Hitze fertig garen.
5. Mit Salz und Pfeffer abschmecken.

* Die Garzeit von Reis kann produktabhängig variieren. Überprüfen Sie zwischendurch beim Umrühren die Konsistenz und gießen Sie bei Bedarf etwas Brühe hinzu. Bitte beachten: Der Reis quillt auch noch nach.

Tomatenrisotto

ONE POT

Gesamtkalorien: 544 kcal / 91,4 g KH / 14,2 g P / 13,8 g F

vegetarisch/glutenfrei

1 Schalotte oder ½ Zwiebel
2 Cherrytomaten
1 EL Öl, z. B. Rapsöl
1 EL Tomatenmark
100 g passierte Tomaten
250 ml Brühe, z. B. Gemüsebrühe
Salz und Pfeffer
100 g Risottoreis (Garzeit. ca. 20-25 Min.)*
1 EL geriebener Parmesan oder Käse nach Wahl

1. Schalotte abziehen, Cherrytomaten waschen und abtrocknen, alles klein hacken.
2. Öl in einen Topf geben und Tomaten- und Schalottenstücke darin ca. 3 Min. andünsten.
3. Dann Tomatenmark, passierte Tomaten und Brühe mit Salz und Pfeffer hinzufügen, gut vermischen und aufkochen lassen.
4. Risottoreis einfüllen und unter gelegentlichem Rühren ca. 20–25 Min. fertig garen.
5. Parmesankäse unterrühren und mit Salz und Pfeffer abschmecken.

Tipps und Variationen:

Als »Marienkäfer« mit Salatblättern anrichten: Formen Sie das Tomatenrisotto mithilfe eines runden Gefäßes (Ränder am besten vorher einfetten!) wie den Körper eines Marienkäfers. Mit Oliven, Paprika oder anderem Gemüse können die Konturen, Punkte, Augen und Beine gestaltet werden.

* Die Garzeit von Reis kann produktabhängig variieren. Bitte überprüfen Sie zwischendurch beim Umrühren die Konsistenz und gießen Sie bei Bedarf etwas Brühe hinzu. Bitte beachten: Der Reis quillt auch noch nach.

Zucchinirisotto

ONE POT

Gesamtkalorien: 539 kcal / 80,9 g KH / 14,9 g P / 17,7 g F

vegetarisch/glutenfrei

1 Schalotte oder ½ Zwiebel
1 TL Butter
350 ml Brühe, z. B. Gemüsebrühe
Salz und Pfeffer
90 g Risottoreis (Garzeit. ca. 20-25 Min.)*
200 g Zucchini
1 EL geriebener Parmesan oder Käse nach Wahl

1. Schalotte abziehen und klein hacken.
2. Butter in einen Topf geben und Zwiebelstücke ca. 3 Min. andünsten.
3. Brühe, 1 Prise Salz und Risottoreis hinzufügen und ca. 10 Min. unter gelegentlichem Rühren köcheln lassen.
4. Zucchini waschen, abtrocknen, halbieren und die Hälften wiederum in Scheiben schneiden. Zucchinischeiben in den Topf hinzufügen und weitere 12 Min. köcheln lassen. Gelegentlich umrühren.
5. Parmesankäse unterheben und mit Salz und Pfeffer abschmecken.

* Die Garzeit von Reis kann produktabhängig variieren. Überprüfen Sie zwischendurch beim Umrühren die Konsistenz und gießen Sie bei Bedarf etwas Brühe hinzu. Bitte beachten: Der Reis quillt auch noch nach.

Gemüse-Schinken-Reis

ONE POT

Gesamtkalorien: 684 kcal / 108,3 g KH / 29,3 g P / 12,9 g F

glutenfrei

- 1 Schalotte oder ½ Zwiebel
- 80 g Karotten
- 1 TL Butter
- 60 g tiefgefrorene Erbsen
- 60 g Schinkenwürfel
- 350 ml Brühe, z. B. Fleischbrühe
- 1 EL Tomatenmark
- 125 g Reis (Garzeit ca. 10 Min.)*
- Salz und Pfeffer

1. Schalotte abziehen und klein hacken.
2. Karotten waschen, schälen und in kleine Stifte schneiden.
3. Butter in den Topf geben und erhitzen. Schalottenwürfel, Karottenstifte, Erbsen und Schinkenwürfel darin andünsten.
4. Mit Brühe ablöschen, Tomatenmark einrühren und kurz aufkochen.
5. Dann den Reis hineingeben und unter gelegentlichem Umrühren je nach Garzeit des Produkts ca. 12 Min. bei mittlerer Hitze fertig garen.
6. Mit Salz und Pfeffer abschmecken.

Tipps und Variationen:

Karotten und Erbsen kann man ganz einfach durch andere Gemüsekombis ersetzen wie Paprika/Mais oder Zucchini/Tomate.

* Die Garzeit von Reis kann produktabhängig variieren. Überprüfen Sie zwischendurch beim Umrühren die Konsistenz und gießen Sie bei Bedarf etwas Brühe hinzu. Bitte beachten: Der Reis quillt auch noch nach.

Curry-Hähnchen-Reis

ONE POT

Gesamtkalorien: 705 kcal / 103,1 g KH / 32,6 g P / 16,6 g F

glutenfrei

90 g Hähnchenbrust
50 g Paprikaschote
100 g Karotten
1 TL Butter
350 ml Gemüsebrühe
1 EL Currypulver
125 g Reis (Garzeit ca. 10 Min.)*
Salz und Pfeffer

1. Hähnchenbrust abwaschen, trockentupfen und in Würfel schneiden.
2. Paprika waschen und entkernen, Karotten waschen und schälen, dann alles in kleine Gemüsestifte oder -würfel schneiden.
3. Butter in einen Topf geben und erhitzen. Hähnchenbrust darin anbraten.
4. Dann Gemüsestücke hinzufügen und ca. 3 Min. mitdünsten.
5. Gemüsebrühe und Curry hinzufügen und aufkochen lassen.
6. Reis hineingeben und unter gelegentlichem Umrühren je nach Garzeit des Produkts ca. 12 Min. bei mittlerer Hitze fertig garen.
7. Mit Salz und Pfeffer abschmecken.

Tipps und Variationen:

Statt der Kombi Paprika/Karotte schmeckt auch Paprika/Mais, Karotte/Erbsen oder Zucchini/Tomate.

* Die Garzeit von Reis kann produktabhängig variieren. Überprüfen Sie zwischendurch beim Umrühren die Konsistenz und gießen Sie bei Bedarf etwas Brühe hinzu. Bitte beachten: Der Reis quillt auch noch nach.

Gemüsereis mit Hähnchen

ONE POT

Gesamtkalorien: 691 kcal / 104 g KH / 36,8 g P / 12,7 g F

glutenfrei

100 g Hähnchenbrust
1 Schalotte oder ½ Zwiebel
50 g rote Paprikaschote
100 g Zucchini
1 TL Butter
350 ml Brühe, z. B. Geflügelbrühe
1 EL Tomatenmark
120 g Reis (Garzeit ca. 10 Min.)*
Salz und Pfeffer

1. Hähnchenbrust abwaschen, trockentupfen und in Würfel schneiden.
2. Schalotte abziehen und hacken.
3. Paprika waschen und entkernen, Zucchini waschen und abtrocknen, dann alles in kleine Gemüsestifte oder -würfel schneiden.
4. Butter in einen Topf geben und erhitzen.
5. Zuerst die Hähnchenbrustwürfel und Zwiebeln kurz darin anbraten, dann die Gemüsestücke hinzufügen und ca. 5 Min. mitdünsten.
6. Gemüsebrühe und Tomatenmark einfüllen und aufkochen lassen.
7. Reis hineingeben und unter gelegentlichem Umrühren je nach Garzeit des Produkts ca. 12 Min. bei mittlerer Hitze fertig garen.
8. Mit Salz und Pfeffer abschmecken.

Tipps und Variationen:

Mit frisch gehackten Kräutern servieren.
Die Kombi Paprika/Zucchini kann man durch andere Gemüsesorten ersetzen wie Paprika/Mais, Karotte/Erbsen oder Paprika/Tomate.

* Die Garzeit von Reis kann produktabhängig variieren. Überprüfen Sie zwischendurch beim Umrühren die Konsistenz und gießen Sie bei Bedarf noch etwas Brühe hinzu. Bitte beachten: Der Reis quillt auch noch nach.

Quinoa-Süßkartoffel-Curry

ONE POT

Gesamtkalorien: 889 kcal / 144,3 g KH / 39,3 g P / 11,8 g F

vegan/glutenfrei

1 Schalotte oder ½ Zwiebel
1 Knoblauchzehe
1 kleines Stück Ingwer (ca. ½ cm)
200 g Süßkartoffeln
100 g Karotten
100 g Quinoa
1 EL Olivenöl
½ TL Kreuzkümmel
½ TL Kurkuma
½ TL Koriander
½ TL Paprikapulver
Salz und Pfeffer
250 g Kidneybohnen aus der Dose
250 ml Wasser
Koriander zum Bestreuen (optional)

1. Schalotte und Knoblauchzehe abziehen und fein hacken.
2. Ingwer schälen und reiben oder klein hacken.
3. Süßkartoffeln und Karotten waschen, schälen und in ca. 1 cm große Stücke schneiden.
4. Quinoa kurz in einem feinen Sieb unter heißem Wasser abbrausen.
5. Olivenöl in einer Pfanne erhitzen.
6. Schalotten- und Knoblauchstücke kurz anbraten. Ingwer, Süßkartoffeln, Karotten, Quinoa, Gewürze, Kidneybohnen und Wasser hinzugeben. Alles gut miteinander verrühren und etwa 15–20 Min. bei mittlerer Hitze mit aufgesetztem Deckel köcheln lassen. Gelegentlich umrühren.
7. Koriander waschen, trockenschütteln und hacken.
8. Mit Salz und Pfeffer abschmecken und mit Koriander bestreut servieren.

Tipps und Variationen:

Der Ingwer kann weglassen werden.
Statt der Süßkartoffeln einfach entsprechend mehr Karotten verwenden.
Koriander kann man durch andere Kräuter wie Petersilie ersetzen oder auch ganz weglassen.

Bunter Couscous-Topf

ONE POT

Gesamtkalorien: 747 kcal / 86 g KH / 63,9 g P / 13,2 g F

1 EL Olivenöl
1 Schalotte oder ½ Zwiebel
200 g Hähnchenfilet
100 g Zucchini
75 g Aubergine
½ rote und ½ gelbe Paprikaschote
200 ml Brühe, z. B. Geflügelbrühe
100 g Couscous
Salz und (bunter) Pfeffer
1 Stängel Petersilie

1. Olivenöl in einem Topf erhitzen.
2. Währenddessen Schalotte abziehen und in kleine Würfel schneiden.
3. Hähnchenfilet abspülen, trockentupfen und in mundgerechte Stücke zerteilen, salzen und pfeffern.
4. Gemüse waschen und in Würfel schneiden.
5. Schalottenstücke glasig anschwitzen. Hähnchen und Gemüse hinzufügen, 2–3 Min. scharf anbraten.
6. Mit Brühe aufgießen und aufkochen. 5 Min. köcheln lassen. Vom Herd nehmen, Couscous einrühren und ca. 5 Min. ausquellen lassen.
7. Mit Salz und Pfeffer abschmecken.
8. Petersilie waschen, trockenschütteln und Couscous damit garnieren.

Tipps und Variationen:

Der Couscous-Topf lässt sich beliebig mit Gemüse nach Wahl variieren, wie Tomate, Brokkoli oder Paprika.

Bulgur mit Hähnchen, Champignons und Tomaten

ONE POT

Gesamtkalorien: 679 kcal / 74,5 g KH / 61,4 g P / 12,5 g F

1 EL Olivenöl
100 g weiße Champignons
200 g Cherrytomaten
200 g Hähnchenfilet
250 ml Gemüsebrühe
100 g Bulgur
Salz und bunter Pfeffer

1. Olivenöl in einem Topf erhitzen.
2. Champignons putzen und vierteln.
3. Cherrytomaten waschen und in Stücke schneiden.
4. Hähnchenfilet abspülen, trockentupfen und in mundgerechte Stücke schneiden. Mit Salz und Pfeffer würzen.
5. Champignons, Tomaten und Hähnchenfiletstücke 3–5 Min. im Öl scharf anbraten.
6. Mit Gemüsebrühe ablöschen, Bulgur einrühren. Aufkochen lassen, Hitze ausschalten und ca. 15 Min. ausquellen lassen.
7. Mit Salz und Pfeffer abschmecken.

Tipps und Variationen:

Die Gemüsezusammenstellung lässt sich beliebig variieren, beispielsweise mit Kidneybohnen, Paprika, Mais oder Zucchini.
Bulgur kann man durch Couscous ersetzen – das Ausquellen reduziert sich dann von 15 Min. auf 5 Min.

Herzhaftes Buchweizen-Champignon-Porridge

ONE POT

Gesamtkalorien: 740 kcal / 81,8 g KH / 42 g P / 25,7 g F

glutenfrei

1 EL Olivenöl
200 g Champignons
200 g Gulasch, z. B. vom Rind
½ Karotte
100 g Buchweizen
200 ml Rinderbrühe
Salz und Pfeffer
2 Stängel Petersilie

1. Olivenöl in einem Topf erhitzen.
2. Champignons putzen und halbieren.
3. Gulasch nach Wunsch in kleinere Stücke schneiden und zusammen mit den Champignons 2–3 Min. scharf anbraten.
4. Karotte waschen und raspeln.
5. Buchweizen und Karottenraspel hinzufügen, mit Brühe aufgießen. Aufkochen und bei geringer Hitze ca. 15–20 Min. köcheln lassen. Bei Bedarf Brühe nachgießen.
6. Mit Salz und Pfeffer abschmecken.
7. Petersilie waschen, trockenschütteln, Blätter abzupfen und das Gericht damit garnieren.

Tipps und Variationen:

Anstatt Karottenraspeln schmecken auch kleine Paprikastücke oder Zwiebelwürfel. Buchweizen lässt sich durch Quinoa oder Reis (mit 20 Min. Garzeit) ersetzen.

ONE POT UND ONE PAN MIT WURST

Currywurstpfanne

ONE POT

Gesamtkalorien: 750 kcal / 32,2 g KH / 39,9 g P / 53,7 g F

glutenfrei

500 g passierte Tomaten
1 EL Tomatenmark
3 EL dunkler Essig, z. B. Balsamico
2 EL Currypulver, plus etwas mehr zum Garnieren
½ TL Brühepulver, z. B. für Fleischbrühe
1 TL Paprikapulver edelsüß
1 EL Süßungsmittel nach Wahl, z. B. brauner Zucker oder Honig
Salz und Pfeffer
2 Bockwürste (ca. 200 g)

1. Alle Zutaten für die Sauce in einen Topf geben und gut verrühren, dann kurz aufkochen und bei mittlerer Hitze 8 Min. köcheln lassen.
2. Bockwürste in Scheiben schneiden und in die Sauce einrühren. Weitere 5 Min. köcheln lassen.
3. Vor dem Servieren nach Belieben mit Currypulver bestreuen.

Tipps und Variationen:

Mit frisch gehackten Kräutern bestreuen.

Skillet-Pizza mit Schinken und Gemüse

ONE PAN

Gesamtkalorien: 1197 kcal / 118,3 g KH / 42,5 g P / 60,5 g F

Pizzateig:

1 EL Olivenöl
120 g Dinkelmehl
60 g Joghurtbutter (Zimmertemperatur)
½ TL Salz
½ TL Essig
50 ml Wasser

Belag:

½ rote Paprikaschote
125 g Brokkoli (ca. 1 Handvoll)
100 g Cherrytomaten
1 Schalotte
100 g Schinken in Scheiben
250 g passierte Tomaten
2 EL Tomatenmark
Salz
Getrockneter Thymian, Basilikum und Majoran nach Belieben
1 TL Olivenöl (optional)

1. Gusspfanne mit Olivenöl einfetten, Deckel aufsetzen und auf mittlerer Stufe erhitzen.
2. Auf einer bemehlten Arbeitsfläche Dinkelmehl, Joghurtbutter, Salz und Essig vermischen, nach und nach das Wasser beimengen. Ist der Teig zu klebrig, etwas mehr Mehl hinzufügen. Ist er zu klumpig, etwas mehr Wasser verwenden.
3. Mit feuchten Händen die Teigkugel von der Mitte beginnend nach außen hin zu einer dünnen Pizza ausformen. In der Pfanne bei geschlossenem Deckel ca. 4–5 Min. anbraten.
4. Währenddessen das Gemüse waschen. Paprika entkernen und in dünne Streifen, Brokkoli in Röschen und Tomaten in Scheiben schneiden. Schalotte schälen, in Ringe schneiden. Schinkenscheiben zerteilen.
5. Pizzaboden wenden, mit den passierten Tomaten und Tomatenmark bestreichen. Mit Salz und Kräutern bestreuen. Schinken, Tomatenscheiben, Paprikastreifen, Zwiebelringe und Brokkoliröschen darauf verteilen.
6. Die Pfanne wieder zudecken, weitere 4–5 Min. ausbacken.
7. Pizzarand nach Belieben gegen Ende der Backzeit mit 1 TL Olivenöl einpinseln. In 5–10 Min. fertig backen.

Tipps und Variationen:

Die Skillet-Pizza lässt sich nach Belieben mit Salami, Mozzarella, Mais oder anderen leckeren Zutaten belegen.

Steckrübeneintopf mit Wienerle

ONE POT
Gesamtkalorien: 571 kcal / 19 g KH / 23,7 g P / 44,6 g F
glutenfrei

250 g Steckrüben
1 kleine Zwiebel
1 Knoblauchzehe
1 TL Butterschmalz oder Öl
500 ml Gemüsebrühe
Salz und Pfeffer
Paprikapulver
2 Wiener Würstchen
2 TL Sahne oder Crème fraîche

1. Steckrüben waschen, schälen und in Würfel schneiden.
2. Zwiebel und Knoblauchzehe abziehen und hacken.
3. Butterschmalz in einem Topf erhitzen. Zwiebel- und Knoblauchstücke darin andünsten.
4. 150 g Steckrübenwürfel dazugeben und von allen Seiten anbraten.
5. Mit Gemüsebrühe ablöschen und etwa 20 Min. köcheln lassen.
6. Wenn die Steckrüben gar sind, alles pürieren und die restlichen Steckrübenwürfel dazugeben.
7. Nochmals köcheln lassen, bis die hinzugefügten Steckrübenwürfel gar sind. Bei Bedarf etwas Wasser dazugeben.
8. Mit Salz, Pfeffer und Paprikapulver abschmecken.
9. Die Würstchen in mundgerechte Stücke schneiden und einrühren.
10. Zum Schluss mit Sahne verfeinern.

Tipps und Variationen:

Kartoffeln oder Kohlrabi anstatt der Steckrüben verwenden. Die Suppe kann auch insgesamt püriert und ohne Stückchen serviert werden.

Sonnensuppe mit Würstchen

ONE POT

Gesamtkalorien: 698 kcal / 55,1 g KH / 23,6 g P / 41 g F

1 kleine Zwiebel
1 TL Butter
2 Karotten (ca. 200 g)
1 Kartoffel (ca. 100 g)
500 ml Fleisch- oder Gemüsebrühe
2 Debrecziner oder Wiener Würstchen
40 g Nudeln, z. B. schmale Bandnudeln (ca. 6 Min. Kochzeit)

1. Zwiebel abziehen, klein hacken und in den Topf geben.
2. Butter hinzufügen und Zwiebeln andünsten.
3. Karotten und Kartoffel waschen, schälen und in kleine Würfel schneiden. Zur Zwiebel hinzufügen und mitdünsten.
4. Brühe einfüllen und 15 Min. köcheln lassen. Mit dem Stabmixer zur gewünschten Konsistenz pürieren, z. B. cremig oder noch etwas stückig.
5. Würstchen in Scheiben schneiden und zusammen mit den Nudeln in die Suppe geben. In ca. 6 Min. fertig kochen.

Tipps und Variationen:

Die Sonnensuppe lässt sich auch ohne Karotten zubereiten, wenn insgesamt 300 g Kartoffeln verwendet werden.

ONE SHEET
(VOM BLECH ODER IN EINER AUFLAUFFORM)

Gebackene Birnen mit Granola-Füllung

ONE SHEET
Gesamtkalorien: 498 kcal / 75,1 g KH / 9,6 g P / 16,9 g F
vegetarisch

2 Birnen
4 EL Haferflocken oder Granola
2 Walnüsse oder Mandeln
1 TL Rosinen
2 TL Honig oder Agavendicksaft
4 TL Apfelsaft (optional)
1 Prise Zimt

1. Birnen waschen, abtrocknen und halbieren. Aus den Birnenhälften das Kerngehäuse herausschneiden und die Hälften danach in eine Auflaufform oder auf ein mit Backpapier ausgelegtes Backblech geben.
2. Jeweils 1 EL Haferflocken auf die Birnenhälften streuen.
3. Walnüsse hacken und zusammen mit den Rosinen auf den vier Hälften verteilen.
4. Zum Schluss noch Honig und nach Belieben Apfelsaft darüberträufeln und mit Zimt bestreuen.
5. In den Backofen geben und 15–20 Min. bis zur gewünschten Konsistenz backen.

Tipps und Variationen:
Die Birnen kann man gut zusammen mit One-Sheet-Hauptgerichten in den Ofen schieben und als Dessert genießen.

Reisauflauf mit Hähnchen

ONE SHEET

Gesamtkalorien: 840 kcal / 89,3 g KH / 65,4 g P / 23,2 g F

glutenfrei

1 EL Butter
1 Knoblauchzehe
200 g Hähnchenfilet
Salz und Pfeffer
Paprikapulver edelsüß
½ rote Zwiebel
100 g Basmatireis (Garzeit ca. 15 Min.)*
75 g tiefgefrorene Erbsen
1 TL Olivenöl
200–250 ml Wasser
1 Tomate (ca. 150 g)
3 Stängel Thymian
½ Bund Schnittlauch
4 Speckstreifen oder ca. 30 g Speckwürfel

1. Ofen auf 220 °C Ober-/Unterhitze vorheizen.
2. Ofenfeste Auflaufform mit Butter einfetten.
3. Knoblauch abziehen und fein hacken.
4. Hähnchenfilet abspülen, trockentupfen, in mundgerechte Stücke schneiden und mit Salz, Pfeffer und Paprikapulver würzen. Auflaufform mit Hähnchen und Knoblauch befüllen, ca. 5 Min. auf unterster Schiene backen.
5. Währenddessen Zwiebel abziehen und würfelig schneiden.
6. Reis in einem Sieb durchspülen.
7. Auflaufform aus dem Ofen nehmen. Hitze auf 200 °C Ober-/Unterhitze reduzieren.
8. Zwiebel, Reis, Erbsen und Olivenöl hinzufügen, mit 200 ml Wasser beginnend aufgießen. Ca. 15–20 Min. auf mittlerer Schiene backen. Bei Bedarf Wasser nachfüllen.
9. Tomate waschen, Strunk entfernen und klein schneiden.
10. Thymian waschen, trockenschütteln und Blätter eines Thymianstängels abzupfen. Schnittlauch waschen, trockenschütteln und hacken. Speckstreifen klein schneiden.
11. Gegen Ende der Backzeit (wenn der Reis die Flüssigkeit nahezu ganz aufgesogen hat) Speckstreifen, Tomatenstücke, Thymianblätter und geschnittenen Schnittlauch untermischen.
12. Den Auflauf aus dem Ofen nehmen und mit Salz und Pfeffer abschmecken. Mit dem restlichen Thymian garnieren.

Tipps und Variationen:

Statt Speck kann auch geräucherter Schinken in Scheiben verwendet werden.

* Die Garzeit von Reis kann produktabhängig variieren. Überprüfen Sie zwischendurch beim Umrühren die Konsistenz und gießen Sie bei Bedarf etwas Brühe hinzu. Bitte beachten: Der Reis quillt auch noch nach.

Ofen-Hackbällchen mit Kartoffel-Wedges

ONE SHEET

Gesamtkalorien: 874 kcal / 62,2 g KH / 49,3 g P / 44 g F

200 g Hackfleisch, z. B. Schwein/Rind gemischt
½ TL mittelscharfer Senf
1 TL Tomatenmark
Salz und Pfeffer
Paprikapulver edelsüß
1 kleines Ei
2 EL Semmelbrösel
300 g Kartoffeln
2 EL Öl, z. B. Olivenöl
Salz und Pfeffer
Paprikapulver edelsüß oder Gewürze nach Belieben

1. Backofen auf 180 °C Umluft vorheizen.
2. Hackfleisch mit Senf, Tomatenmark, Gewürzen, Ei und Semmelbröseln gut verkneten und zu Hackbällchen mit einem Durchmesser von ca. 4–5 cm formen.
3. Kartoffeln waschen, schälen, in Achtel schneiden. Nochmals mit Wasser abspülen und trockentupfen.
4. Eine Auflaufform mit etwas Öl fetten oder Backblech mit Backpapier auslegen. Hackfleischbällchen und Kartoffelspalten darauf verteilen.
5. Die Kartoffelspalten mit dem restlichen Öl beträufeln, kräftig würzen und noch mal durchmischen.
6. Form in den vorgeheizten Backofen geben und ca. 25–30 Min. backen. Nach ca. 15 Min. Hackfleischbällchen und Wedges einmal wenden.

Tipps und Variationen:

Zu dem Gericht schmeckt saure Sahne zum Dippen.

Kohlauflauf

ONE SHEET

Gesamtkalorien: 683 kcal / 102 g KH / 20,5 g P / 16,9 g F

vegan

- ½ mittelgroßer Weißkohl
- 1 mittelgroße Tomate (ca. 150 g)
- 1 Knolle einer Frühlingszwiebel
- ½ grüne und ½ gelbe Paprikaschote
- 100 g Couscous
- Wasser
- ½ TL Salz
- ¼ TL Pfeffer
- ½ TL Paprika edelsüß
- 1 EL Olivenöl
- 250–300 ml Gemüsebrühe

1. 6 große Außenblätter des Weißkohls vorsichtig ablösen, den Rest klein hacken. Beides in einer hitzebeständigen Auflaufform separiert mit kochendem Wasser übergießen, 2–3 Min. ziehen lassen. Flüssigkeit abgießen, mit kaltem Wasser abspülen, beiseitelegen.
2. Tomate und Zwiebelknolle waschen, klein schneiden.
3. Paprika waschen und in kleine Stücke schneiden.
4. Zwei Drittel vom geschnittenen Gemüse zusammen mit dem Couscous in die Auflaufform füllen. Mit heißem Wasser aufgießen und den Couscous entsprechend der Packungsanleitung ausquellen lassen (ca. 5–10 Min.).
5. Währenddessen Ofen auf 220 °C Ober-/Unterhitze vorheizen.
6. Salz, Pfeffer, Paprikapulver sowie ein Drittel des gehackten Kohls zum Couscous geben.
7. Jeweils 2 Außenblätter des Kohls mit der Couscous-Mischung befüllen und vorsichtig zu einer flachen Roulade aufrollen. Vorgang mit den restlichen Kohlblättern wiederholen.
8. Auflaufform mit Olivenöl bestreichen und die Rouladen hineinlegen. Restliches Gemüse und restlichen gehackten Kohl daneben verteilen. Auf mittlerer Schiene ca. 5–8 Min. goldbraun backen.
9. Hitze auf 200 °C zurückdrehen. Den Auflauf mit 250 ml Gemüsebrühe beginnend übergießen und weitere 15 Min. schmoren lassen, bis die Flüssigkeit nahezu ganz aufgesogen wurde. Bei Bedarf Gemüsebrühe nachgießen.

Tipps und Variationen:

Mit frisch gehackten Kräutern bestreuen.

Pizzaauflauf

ONE SHEET
Gesamtkalorien: 692 kcal / 29,3 g KH / 44,2 g P / 42,8 g F
glutenfrei

150 g Champignons
1 Paprikaschote, z. B. rot
200 g Tomaten
60 g Salami in Scheiben
50 g Mais
150 g passierte Tomaten
Salz und Pfeffer
Oregano nach Belieben
70 g geriebener Käse, z. B. Emmentaler
Auflaufform mit ca. 20 x 20 cm

1. Backofen auf 180 °C Umluft vorheizen.
2. Champignons säubern und in dünne Scheiben schneiden.
3. Paprika waschen, entkernen und würfeln.
4. Tomaten waschen und klein schneiden.
5. Salamischeiben bis auf 4 Stück zerkleinern.
6. Champignons, Paprika, Tomaten, zerkleinerte Salami und Mais mit den passierten Tomaten in die Auflaufform geben und vermischen. Mit Salz, Pfeffer und Oregano würzen.
7. Käse über das Gemüse streuen und mit den restlichen Salamischeiben belegen.
8. In den vorgeheizten Backofen geben und 30–40 Min. überbacken.

Tipps und Variationen:

Der Pizzaauflauf lässt sich nach Belieben mit Schinken, Mozzarella, Peperoni oder anderen leckeren Zutaten variieren.

Bild- und Rezeptnachweis

S. 22: Vanillepudding-Couscous mit Himbeeren (Rezept + Foto): Vanessa Faschingbauer, @vanessas.gymfood
S. 23: Süßes Buchweizen-Porridge mit Banane (Rezept): Vanessa Faschingbauer, @vanessas.gymfood
S. 28: Schokoladen-Pfannencookie (Rezept): Vanessa Faschingbauer, @vanessas.gymfood
S. 30: Karamell-Pfannencookie mit Pekannüssen (Rezept): Vanessa Faschingbauer, @vanessas.gymfood
S. 34: Penne mit fruchtig-cremiger Sauce (Rezept + Foto): Miriam Matin
S. 36: Vollkornpasta in Gemüse-Kokos-Sauce (Rezept + Foto): Miriam Matin
S. 38: Bunter Reisnudeltopf (Rezept): Vanessa Faschingbauer, @vanessas.gymfood
S. 40: Hähnchen-Paprika-Reisnudel-Pot (Rezept): Vanessa Faschingbauer, @vanessas.gymfood
S. 42: Bohnen-Käse-Makkaroni (Rezept + Foto): Vanessa Faschingbauer, @vanessas.gymfood
S. 44: Bunter Spaghettitopf (Rezept): Vanessa Faschingbauer, @vanessas.gymfood
S. 46: Tomaten-Basilikum-Bandnudel-Pot (Rezept): Vanessa Faschingbauer, @vanessas.gymfood
S. 50: Gnocchi mit Spinatsauce (Rezept): Vanessa Faschingbauer, @vanessas.gymfood
S. 54: Kartoffel-Shakshuka (Rezept + Foto): Miriam Matin
S. 58: Wirsingeintopf mit Kartoffeln (Rezept + Foto): Diana Ruchser, schwarzgrueneszebra.de
S. 59: Süßkartoffel-Linsen-Topf (Rezept + Foto): Vanessa Faschingbauer, @vanessas.gymfood
S. 60: Quinoa-Süßkartoffel-Mix (Rezept + Foto): Vanessa Faschingbauer, @vanessas.gymfood
S. 61: Kürbis-Hackfleisch-Pfanne (Rezept + Foto): Diana Ruchser, schwarzgrueneszebra.de
S. 64: Puten-Champignon-Gulasch (Rezept + Foto): Diana Ruchser, schwarzgrueneszebra.de
S. 66: Wikingertopf mit Erbsen und Karotten (Rezept + Foto): Diana Ruchser, schwarzgrueneszebra.de
S. 76: Quinoa-Süßkartoffel-Curry (Rezept + Foto): Miriam Matin
S. 78: Bunter Couscous-Topf (Rezept + Foto): Vanessa Faschingbauer, @vanessas.gymfood
S. 79: Bulgur mit Hähnchen, Champignons und Tomaten (Rezept): Vanessa Faschingbauer, @vanessas.gymfood
S. 80: Herzhaftes Buchweizen-Champignon-Porridge (Rezept): Vanessa Faschingbauer, @vanessas.gymfood
S. 82: Skillet-Pizza mit Schinken und Gemüse (Rezept): Vanessa Faschingbauer, @vanessas.gymfood
S. 84: Steckrübeneintopf mit Wienerle (Rezept + Foto): Diana Ruchser, schwarzgrueneszebra.de
S. 88: Reisauflauf mit Hähnchen (Rezept): Vanessa Faschingbauer, @vanessas.gymfood
S. 92: Kohlauflauf (Rezept): Vanessa Faschingbauer, @vanessas.gymfood
S. 94: Pizzaauflauf (Rezept + Foto): Diana Ruchser, schwarzgrueneszebra.de

S. 5: Monkey Business Images/shutterstock.com; S. 6: margouillat photo/shutterstock.com; S. 7: Yuganov Konstantin/shutterstock.com; S. 8: Africa Studio/shutterstock.com; S. 9: Katerina Belaya/shutterstock.com; S. 10: stockcreations/shutterstock.com; S. 11 oben: Africa Studio/shutterstock.com; S. 11 unten: Camil Zahner/shutterstock.com; S. 12 links: gpointstudio/shutterstock.com; S. 12 rechts: AnjelikaGr/shutterstock.com; S. 13: 13Smile/shutterstock.com; S. 14 oben: Tatiana Bralnina/shutterstock.com; S. 14 unten: bitt24/shutterstock.com; S. 15 Mitte: ff-photo/shutterstock.com; S. 15 unten: MediaGroup_BestForYou/shutterstock.com; S. 16 oben: Syda Productions/shutterstock.com; S. 16 unten links: DUSAN ZIDAR/shutterstock.com; S. 16 unten rechts: Africa Studio/shutterstock.com; S. 17 links: Orawan Pattarawimonchai/shutterstock.com; S. 17 rechts: wavebreakmedia/shutterstock.com; S. 18: Oksana Kuzmina/shutterstock.com; S. 21: A_Lein/shutterstock.com; S. 23: YuliiaHolovchenko/shutterstock.com; S. 24: Viktor1/shutterstock.com; S. 25: Jana Pavlovcova/shutterstock.com; S. 26: Timolina/shutterstock.com; S. 27: Natalia Evstigneeva/shutterstock.com; S. 30: Duplass/shutterstock.com; S. 31: msheldrake/shutterstock.com; S. 32: Kiian Oksana/shutterstock.com; S. 33: siamionau pavel/shutterstock.com; S. 38: Kiian Oksana/shutterstock.com; S. 40: Magrig/shutterstock.com; S. 45: stockcreations/shutterstock.com; S. 46: Stepanek Photography/shutterstock.com; S. 47: gkrphoto/shutterstock.com; S. 49: AS Food studio/shutterstock.com; S. 50: Stepanek Photography/shutterstock.com; S. 51: AnastasiaKopa/shutterstock.com; S. 52: siamionau pavel/shutterstock.com; S. 53: sta/shutterstock.com; S. 56: Nataliya Arzamasova/shutterstock.com; S. 62: YuliiaHolovchenko/shutterstock.com; S. 63: Osztya/shutterstock.com; S. 65: Brent Hofacker/shutterstock.com; S. 68: anandaBGD/istockphoto.com; S. 69: lorenzo_graph/shutterstock.com; S. 70: kuvona/shutterstock.com; S. 71: tommaso lizzul/shutterstock.com; S. 72: MSPhotographic/shutterstock.com; S. 73: from my point of view/shutterstock.com; S. 74: AS Food studio/shutterstock.com; S. 78: Iaroshenko Maryna/shutterstock.com; S. 79: Timolina/shutterstock.com; S. 80: Iaroshenko Maryna/shutterstock.com; S. 81: KarepaStock/shutterstock.com; S. 82: Alexey Borodin/shutterstock.com; S. 86: siamionau pavel/shutterstock.com; S. 87: Tatiana Vorona/shutterstock.com; S. 88: Stepanek Photography/shutterstock.com; S. 91: AS Food studio/shutterstock.com; S. 92: Irina Rostokina/shutterstock.com

Danksagung

Diana vom Blog **www.schwarzgrueneszebra.de** teilt auf ihrer Seite jede Woche leckere Low-Carb-Rezepte. Nicht nur schnelle Gerichte für jeden Tag, sondern auch Außergewöhnliches für die besonderen Momente oder den süßen Zahn. Ihr Motto lautet: Geht nicht gibt's nicht!
Ihnen fehlt die Motivation, sich in die Küche zu stellen und etwas Gesundes zu kochen? Dass dem nicht so sein muss, zeigt **Vanessa F.** Wie man schnelle und vor allem eiweißreiche Gerichte und Süßspeisen zubereitet, zeigt sie auf ihrem Instagram-Account **@vanessas.gymfood**.

Über die Autorin

Veronika Pichl, Jahrgang 1980, ist erfolgreiche Buchautorin zu den Themen Abnehmen, Ernährung, Bewegung und Glücklichsein. Sie entwickelt Ratgeber für den riva Verlag und den von ihr selbst gegründeten Happy Fit Food Verlag (www.happyfitfood.de). Im riva Verlag sind bereits zahlreiche Kochbücher von ihr erschienen. Sie lebt mit ihrem Mann und ihren beiden Kindern im Nürnberger Land.
Auf der Website zum Buch *www.one-pot-fuer-kinder.de* können Sie das kostenlose E-Book »*Das lustige Obst- und Gemüse-Bastelbuch*« anfordern. Mit witzigen Tierchen aus Obst und Gemüse schmeckt es den Kindern oft gleich viel besser.